독서·토론·논술책을 펴내면서

손에 잡히는
독서·토론·논술
이래서 중요합니다!!

책을 통해
풍부한 어휘력이
생깁니다.

독서·토론·논술은
생각하는 힘을 길러줍니다.

독서·토론·논술은
창의력을 계발해 줍니다.

책을 통해 다양한
간접 경험을 할 수 있습니다.

상대방의 감정을 이해하며 공감하는 능력을 길러줍니다.

나의 생각을 분명하게 표현하며 자신감을 길러줍니다.

친구들의 생각과 비교하며 비판하는 능력을 길러줍니다.

자신의 생각을 논리적으로 표현하는 능력을 길러줍니다.

교과서와 관계된 내용으로 구성되어 공부하는 힘을 길러줍니다.

독서·토론·논술 교육의 6단계

이 책에서는 독서하는 과정을 하나의 여행과정으로 비유하여 글숲 여행이라 이름 하였습니다.

1. 글을 읽기 전 배경지식을 형성하거나 활성화하는 글숲 엿보기
2. 상상력을 동원하여 글을 읽는 글숲 여행하기
3. 글숲 상황에 대한 인지를 확인하는 글숲 여행 되돌아보기
4. 감정이입을 통해 글숲 인물들이 처한 입장을 이해해보는 글숲 사람 되어보기
5. 글숲 상황에 대해 생각을 나누는 토론과정으로 글숲 밖 사람 되어보기
6. 가장 인상깊게 남은 생각이나 내용을 정리해보는 글숲 여행을 마치며

 글숲 여행을 준비하는 과정입니다.

글을 읽기 전에 사전에 겪은 경험이나 지식을 미리 알아보는 활동입니다.

 글숲 여행을 통해 지식을 습득하는 과정입니다.

실제 책을 읽으면서 주인공의 생각이나 입장 등을 이해하는 활동입니다.

 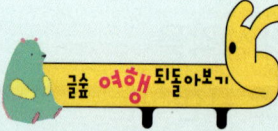 글숲 여행에서 보고 듣고 느낀 것을 떠올려 보는 과정입니다.

글을 읽으면서 알게 된 내용과 사실을 정리하는 활동입니다.

04 글 속에 나오는 등장인물의 입장이 되어 생각해 보는 과정입니다.

등장인물의 입장이 되어 그들의 생각과 감정을 그대로 느껴 보는 활동입니다.

05 글숲 밖으로 나와 생각을 나누는 토론 과정입니다.

글 속에 등장하는 인물들의 행동이나 사건 등에 대하여 각자의 생각을 토론하는 활동입니다.

06 글숲 여행 후 가장 인상깊게 남은 생각이나 느낌을 정리해보는 과정입니다.

토론을 통해 정리된 생각을 글이나 그림 등 다양한 방법으로 표현하는 활동입니다.

생각의 나래를 펼치자

- 밤하늘을 빛나게 하는 드론

- 바다를 헤엄치는 로봇물고기 소피

- 전기차와 수소차

이런 것들은 창의력이 준 선물입니다.

창의력을 기르기 위해 여러분이 할 수 있는 것은 어떤 것이 있을까요?
창의력은 생각의 한 종류입니다. 창의력을 기른다는 것은
생각하는 힘을 기르는 것이지요.
그럼 생각하는 힘을 기르기 위해 여러분은 어떤 것을 하는 것이 좋을까요?
부모님이나 선생님들께서 책을 많이 읽으라는 말은 많이 들었을 것입니다.
맞습니다.
생각을 키우는 것 중에 가장 으뜸이 바로 책을 읽는 것입니다.
책을 읽으며 나의 생각과 느낌을 정리하고 그 내용을 친구들과 이야기하는 활동이
바로 생각을 키우는 일이랍니다.
이 책은 여러분이 독서와 토론과 논술 활동을 단계적으로 할 수 있도록 만들어졌습니다.
작품 하나하나 읽으며 작품 속 주인공이 되어보기도 하고
주인공을 비판하는 활동 등을 하면서 생각하는 힘을 기를 수 있습니다.

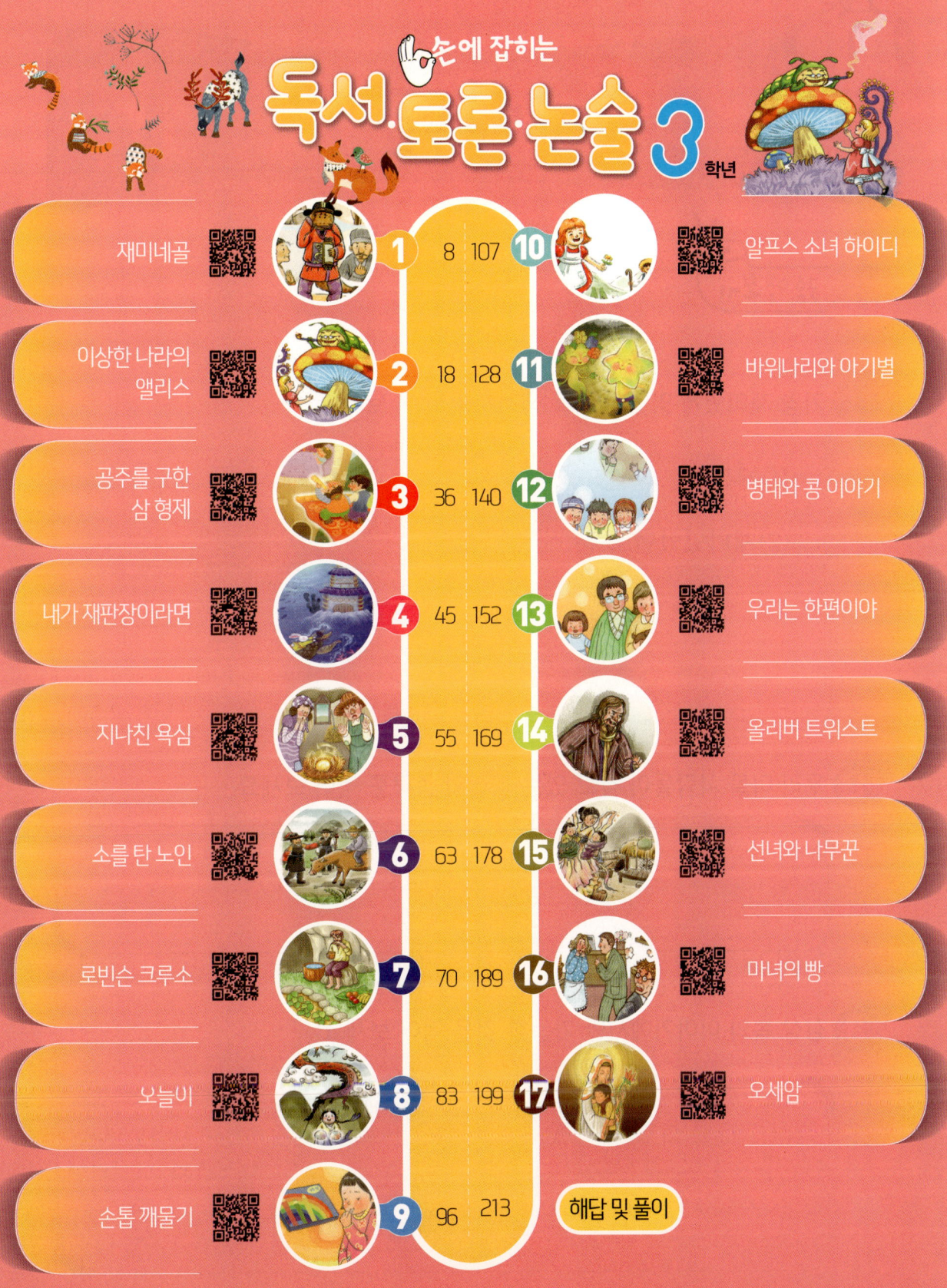

재미네골

 가장 재미있게 읽었던 책을 생각하여 적어 보세요.

　(1)제목 :

　(2)재미있었던 부분:

2 우리 마을 사람들이 갖고 있는 직업의 종류를 적어 보세요.

3 상상 속의 이야기에서만 가능한 것을 적어 보세요.

구연동화를 QR로 확인하세요.

이야기 속의 세계를 상상하며 '재미네골'을 읽어 봅시다.

재미네골

　조선 사람들이 모여 사는 중국 길림성에 한 마을이 있는데, 이 마을을 사람들은 '재미네골'이라고 부릅니다.
　예부터 마을 이름에 얽힌 이야기가 전해져 내려옵니다.
　이 마을은 아주 평화롭고 살기 좋은 마을이었습니다. 마을 사람 모두 마음씨가 곱고 착해서 서로 싸우는 일이 없었죠. 어렵고 힘든 일이 생기면 서로 도왔습니다. 먹을 것이 생기면 나누어 먹고 모자라는 것은 함께 아꼈습니다.
　이 마을 이야기가 멀리 용궁 나라에까지 전해졌습니다. 용왕은 땅 위에 그런 마을이 정말 있는지 궁금했습니다. 그래서 사신을 불러 말했습니다.

사신 : 예전에, 나라의 명을 받고 외국에 파견되던 신하

　"자, 이 병에는 뭍에서도 버티게 해 주는 용궁샘물이 들어 있다. 이것을 가지고 땅에 오르거라. 그리고 마을 사람 중에 한 명을 제물로 데리고 돌아오너라."
　사신은 마을에 들어서자마자 우두머리인 이장을 찾아갔습니다. 사신이 온 까닭을 말하자 이장은 혼자 생각했습니다.

이장 : 행정 구역의 단위인 리를 대표하여 일을 맡아보는 사람

　'용왕이 노하면 큰일이다. 누군가 한 사람이 제물로 따라가긴 해야겠는데 살아 돌아올 수 있을지 모르겠군.'
　이장은 용기를 내어 말했습니다.
　"자, 갑시다. 이장이 없이도 모두가 잘 살 테니 제가 함께 가죠."
　사신은 생각보다 일이 빨리 풀려 즐겁게 대답했습니다.
　"그럽시다. 나는 뭍에서 오래 버티기 어려우니 어서 갑시다."

1. 재미네골

이장이 사신을 따라 한참 걸어가다가 마을의 목수를 만났습니다. 자세한 이야기를 들은 목수는

목수 : 나무를 다루어 집을 짓거나 가구, 기구 따위를 만드는 일을 업으로 하는 사람

"이장님이 안 계시는 마을은 머리 없는 용과 같으니 안 될 말입니다. 목수일이야 다른 사람이 봐도 될 테니 제가 가겠습니다."

하고 말했습니다.

이장은 펄쩍 뛰었습니다.

"목수 없이 어떻게 집을 지을 것이며 지게나 쟁기는 누가 만드나? 그냥 내가 다녀오리다."

사신은 용궁샘물을 한 모금 마시며 말했습니다.

"아무나 가도 상관없으니 빨리 결정하여 가도록 합시다."

목수와 이장이 서로 용궁 길을 가겠다고 승강이를 하며 걷다가 대장간 앞을 지나게 되었습니다.

망치질을 하던 대장장이가 무슨 일인가 하고 물었습니다. 이야기를 들은 대장장이가

대장장이 : 대장일을 하는 기술직 노동자

"이장님도 그렇고 목수님도 그렇고 이 마을에 없어서는 안 될 분들이오. 대장간 일이야 이제 아들이 맡아 하면 되니 내가 가겠어요."

하고 말했습니다.

"대장간 일을 어찌 아들 혼자 한단 말이오. 대장간이 시끄러워야 괭이며 낫이며 칼을 얻을 수 있지. 그것들이 없으면 어찌 농사를 지어 먹고 살 수 있겠소. 그러니 그 길은 제가 가야……."

사신은 일이 점점 이상하게 돌아가는 것을 깨닫고는 말문이 막혀 버렸습니다. 이렇게 또 한참 티격태격 따지며 이장과 목수, 대장장이가 사신을 따라 걷다가 이번엔 토기장이를 만나게 되었습니다.

잘 구워진 토기를 가마에서 꺼내던 토기장이가 뛰어왔다가 무슨 일인지

토기 : 진흙으로 만들어 유약을 바르지 아니하고 구운 그릇

알고 이렇게 말했습니다.

"세 분이야말로 이 마을에 없어서는 안 될 분들이죠. 까짓 그릇이야 좀

모자라도 못 살 건 없어요. 그러니 제가 가겠습니다."
이 말에 이장, 목수, 대장장이는
"무슨 말씀이에요. 토기장이님이 쓸모 있는 그릇을 만들어야 우리 살림이 돌아가는 것이지. 토기장이님이야말로 이 마을에 없어서는 안 될 분이에요."
"이 사람들이 정말, 시간이 없다니까……. 이러다 내가 땅 귀신이 되겠네."
사신은 얼마 남지 않은 용궁샘물을 홀짝 마시며 조바심을 냈습니다.
이제 사신을 따르는 무리가 네 명으로 늘어났습니다. 그때 콩밭의 김을 매고 있던 농부가 무슨 일인지 까닭을 알고 나더니
"여기 네 분은 모두 마을에 꼭 필요한 분들이에요. 농사야 누구나 배워 가면서 지으면 되니 제가 가겠어요."
하고 말했습니다. 농부의 말에 이장, 목수, 대장장이, 토기장이는
"하늘과 바람의 뜻에 따라 땅을 가꾸어 우리 마을 창고를 늘 풍성한 곡식으로 채워 주는 농부님이야말로 이 마을의 보배지요. 어디를 가시겠다고 그러세요."

보배 : 귀하고 소중한 물건

하고 입을 모았습니다.
"토기장이님이고 농부님이고 간에 아무나 빨리 결정하여 가도록 합시다."
사신은 지쳤는지 맥이 풀려 말했습니다.
이제 사신을 따르는 다섯 사람이 온 마을을 떠들썩하게 해 놓았습니다. 그때 길 가던 아낙네가 사정을 듣고 나섰습니다.
"여기 다섯 분 모두 없어서는 안 될 이 마을의 기둥입니다. 아무래도 이 길은 저같이 별로 하는 일 없는 아낙네가 가는 것이 낫지요. 사신님, 저와 갑시다."
그러자 이장, 목수, 대장장이, 토기장이, 농부가 말했습니다.
"우리가 사계절을 인간답게 살 수 있는 건 아낙네님이 짜 주신 옷감 덕이죠. 그리고 아들, 딸 낳아 길러 대를 잇게 하는 일이 어디 남자들만으

로 되는 일이요. 그런 소릴랑 아예 마세요."
"남자나 여자나 상관없어요. 정 이러시면 아무나 강제로 데려갈 수밖에 없습니다."
사신은 내리쬐는 햇볕이 괴로운 듯 말했습니다.
그때 길을 가던 처녀 아이가 무슨 일인지 알고는 말했습니다.

"그러지들 마세요. 여기 계신 분들은 모두 가족이 있지만 저야 고아로 자라 이집 저집 살림이나 거들고 있는 형편이니 제가 없어도 불편할 게 없을 거예요. 제가 가겠어요."

이 말에 이장, 목수, 대장장이, 토기장이, 농부, 아낙네가 말했습니다.

"무슨 소리냐? 이집 저집 바쁠 때 네가 아이도 돌봐 주고 살림도 거들어 주니 우리가 맘 놓고 일할 수 있는 거지. 너 없이 누가 잔살림을 다 맡는단 말이냐."

살림 : 한집안을 이루어 살아가는 일

'아이고 이제 용궁샘물도 다 떨어졌네. 더 있다간 내가 사람들의 제물이 되겠군.'

사신은 마을 사람 일곱 명에 둘러싸여 어찌할 바를 모르다가 엉겁결에 처녀 아이를 데리고 물속으로 들어가 버렸습니다.

용왕은 사신이 데려온 처녀 아이를 보고 깜짝 놀랐습니다.

"마을에 숱한 사람들이 있을 텐데 하필 시집도 안 간 처녀가 왔는가?"

사신이 처녀 아이를 데리고 온 일을 자세히 용왕에게 아뢰었습니다.

"앞길이 구만리 같은 꽃다운 처녀가 스스로 제물로 왔다 하니 용기와 마음씨가 대견하다. 이야기를 들어 보니 그 마을 사람들이 평화롭고 재미있게 사는 까닭을 알겠구나."

제물 : 제사에 쓰는 여러 가지 음식, 또는 제사에 바치는 동물이나 사람

하고 용왕이 말했습니다. 그리고는 사신에게 용궁의 금은보화를 주어 처녀 아이를 돌려보내라고 명령했습니다.

금은보화 : 금, 은, 옥 따위의 귀한 보물

마을로 돌아온 처녀 아이는 용궁에서 가져온 금은보화를 마을 사람들과 함께 골고루 나누었습니다. 마을 사람들은 그런 일이 있은 후 더욱 화목하고 즐겁게 지냈습니다. 이웃 마을 사람들은 이 마을엔 언제나 재미난 웃음이 끊이질 않는다며 '재미네골'이라 불렀습니다.

1 용왕은 왜 신하를 마을로 올려 보냈나요?

---

2 신하가 이장님 외에 마을에서 만난 사람들을 차례로 적어 보세요.

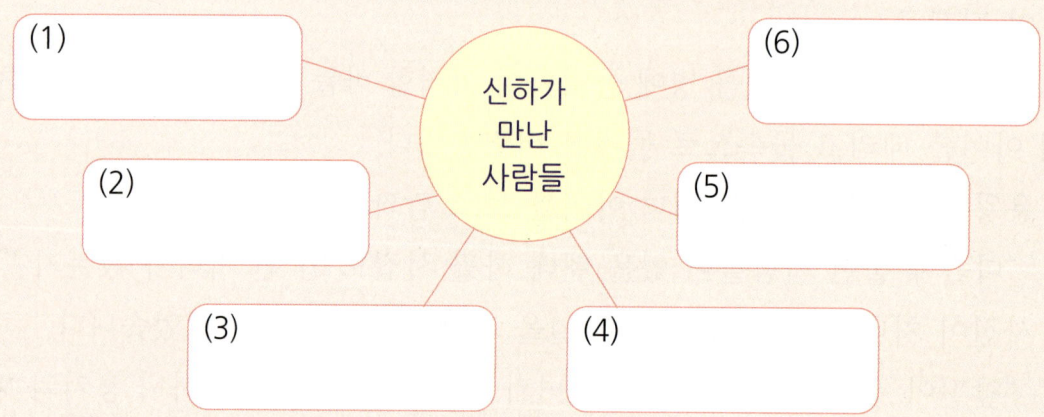

3 용왕님이 처녀 아이에게 상을 준 까닭은 무엇인가요?

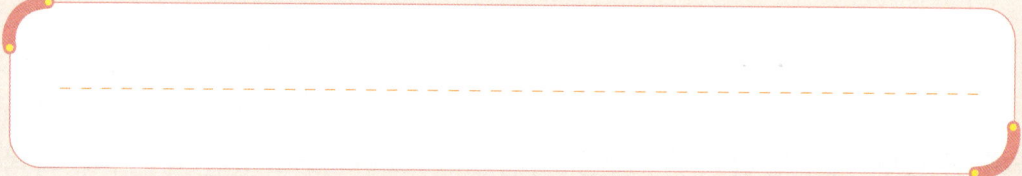

4 '재미네골'이라는 이름이 붙은 이유는 무엇인가요?

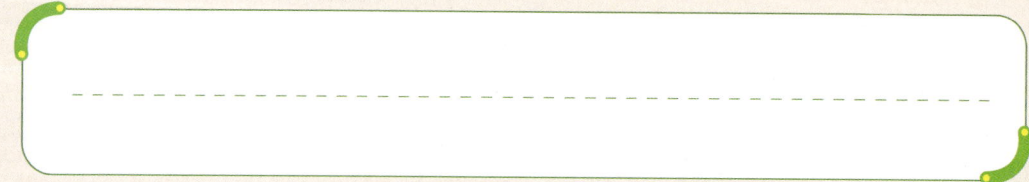

1 '너는 어찌 자청하여 여기까지 왔느냐?'

> 이장, 목수, 대장장이, 토기장이, 농부, 아낙네, 처녀가 각각 서로 제물이 되어 가겠다고 나서자 사신은 어찌할 바를 모르다가 엉겁결에 처녀 아이를 데리고 물속으로 들어 왔죠. 용왕님께서 물으십니다.
> "너는 어찌 자청하여 여기까지 왔느냐?"

처녀가 되어 용왕님의 질문에 대한 대답을 적어 보세요.

....

....

2 '이장님의 한 말씀'

> 우리 마을을 대표하여 제물이 되어 죽은 줄 알았던 처녀가 용궁에서 많은 금은보화를 가지고 돌아오자 마을을 대표하여 이장님이 말씀하셨어요.

이장님이 되어 처녀와 마을사람들에게 하고 싶은 말을 적어 보세요.

....

....

....

1 내가 '재미네골' 사람이었다면 어떻게 하였을까요?

---

2 '재미네골' 사람들을 본받아 오늘부터 실천할 일을 연결해 보세요.

(1) 집에서　●　　　●(가) 공공시설물을 내 것처럼 아껴쓴다.

(2) 학교에서　●　　　●(나) 동생과 같이 쓰는 방의 청소를 미루지 않고 내가 한다.

(3) 마을에서　●　　　●(다) 어려운 친구를 도와준다.

○ 글숲 여행을 마치며

🌀 재미네골 사람들의 서로 돕는 착한 마음씨를 생각하며 동시를 지어 보세요.

(1) 제목 :

이상한 나라의 앨리스

1. 하루의 시간을 마음대로 바꿀 수 있다면 어떻게 바꾸고 싶은지 적어 보세요.

2. 시도 때도 없이 몸의 크기가 변한다면 어떤 일이 벌어질지 상상해서 적어 보세요.

3. 내 몸이 갑자기 개미처럼 작아진다면 어떤 일이 벌어질까요?

구연동화를 QR로 확인하세요.

앨리스가 겪게 되는 재미있는 이야기를 상상하며 '이상한 나라의 앨리스'를 읽어 봅시다.

이상한 나라의 앨리스

토끼 굴로 내려가다

앨리스는 하는 일도 없이 언니 옆에 앉아 있는 것이 지겨워지기 시작하였다. 언니가 읽고 있는 책을 한두 번 슬쩍 넘겨다보았는데, 그림이 전혀 없는 책이었다.

"그림도 없는 책을 뭐 하러 보지?"

이렇게 생각했을 때 갑자기 빨간 눈을 가진 흰 토끼 한 마리가

"이런! 이런! 너무 늦겠는걸!"

하며 주머니에서 시계를 꺼내어 시간을 확인하고 허둥지둥 달려가는 것을 보았다. 앨리스는 뛰어가는 토끼에게 호기심이 생겼다. 앨리스도 산울타리 밑에 있는 커다란 토끼 굴속으로 뛰어 들어갔다. 굴 바닥이 푹 꺼져서 깊은 우물 같은 구멍으로 떨어져 내렸다.

허둥지둥 : 정신을 차릴 수 없을 만큼 갈팡질팡하며 다급하게 서두르는 모양

앨리스가 긴 통로로 계속 쫓아가 모퉁이를 돌자, 토끼는 보이지 않고 긴 방이 나타났다.

문이 모두 잠겨있는 방 한가운데 탁자 위에 작은 황금 열쇠가 있었다. 그 열쇠로 문을 열자, 도저히 들어갈 수가 없는 쥐구멍만한 통로가 정원으로 이어져 있었다. 앨리스는 다시 탁자가 있는 곳으로 되돌아왔다. 열쇠가 있던 탁자 위의 작은 병에 '나를 마시세요!'라는 쪽지가 있었다. 한 모금 마셔 보니 맛이 좋아서 병 안에 든 것을 모두 마셔 버렸다. 그랬더니 키가 25센티미터로 줄었다. 탁자의 다리를 타고 올라가려고 애를 썼지만 너무 미끄

정원 : 집 안에 있는 뜰이나 꽃밭

2. 이상한 나라의 앨리스 19

러워 울었다. 탁자 밑의 작은 유리 상자 안에 '나를 먹어요.'라는 글씨가 든 케이크가 있어서 다 먹어 버렸다.

눈물 웅덩이

앨리스의 머리는 방 천장에 닿을 만큼 커져 밖으로 나갈 수 없었다. 바닥에 옆으로 누워서 정원을 내다보며 울었더니, 깊이가 9미터나 되는 큰 눈물 웅덩이가 만들어졌다.

앨리스는 이상한 소리에 뒤를 돌아보았다. 아까 그 토끼가 멋진 옷에 흰 가죽장갑과 커다란 부채를 들고 오고 있었다. 토끼는 앨리스를 보고 놀란 듯 손에 들었던 하얀 장갑과 부채를 떨어뜨리고 급히 어둠 속으로 달아나 버렸다. 앨리스는 장갑과 부채를 주워서 부채질을 하였다. 그러자 키가 60센티미터로 줄어들어 재빨리 부채를 던져버렸다. 다시 작은 문으로 뛰어갔지만 이번에도 문은 잠겨 있었고, 열쇠는 탁자 위에 있었다. 앨리스는 걸어가다 그만 발이 미끄러져 눈물 웅덩이에 풍덩하고 빠져버렸다.

부채: 손에 쥐고 흔들어서 바람을 일으키는 도구

"내 눈물에 빠져 죽게 생기다니……."

앨리스의 몸이 너무 작아졌기 때문에, 물에 빠져 허우적대고 있는 쥐가 마치 하마처럼 크게 보였다.

앨리스는 쥐에게 고양이라는 말을 꺼내자 털을 잔뜩 곤두세우는 걸 보고 깜짝 놀랐다.

쥐는 천천히 앨리스에게 헤엄쳐 와서 말했다.

"나가자. 왜 고양이와 강아지를 싫어하는지 이야기해 줄게."

앨리스와 쥐가 뭍으로 나갈 때쯤, 물속에 있던 오리, 빨간 앵무새, 새끼 독수리 등 동물들도 따라서 뭍으로 나왔다.

코커스 경주와 긴 이야기

새들과 동물들이 몸에 착 달라붙은 털을 어떻게 말릴 것인지에 대해 의논했다. 그들이 둥글게 앉자 쥐가 지루한 이야기를 늘어놓았다.

이어 도도새가 말했다.

도도새 : 비둘기과의 멸종된 새. 칠면조보다 크고 큰 머리에 깃털은 청회색이다. 부리끝은 구부러져 불그스름한 칼집 모양을 하고 있다

"몸을 마르게 하는 데는 코커스 경주가 가장 좋을 거야."

경주 : 사람·동물·차 따위가 일정한 거리를 달려 빠르기를 겨룸. 또는 그 경기

도도새는 먼저 땅에다 원 모양의 금을 긋고, 그 선을 따라서 동물들이 군데군데 늘어서게 하고는 달리고 싶은 만큼 달리라고 했다. 모두들 30분쯤 열심히 달려 젖은 몸이 바짝 마르자, 도도새가 경기가 끝났다고 외쳤다.

도도새는 생각에 잠겼다가 앨리스를 가리키며 말했다.

"모두 다 이겼으니까, 저 애가 모두에게 상을 주어야 해."

앨리스는 주머니에서 사탕을 하나씩 나누어 주었다.

새들과 동물들이 이런저런 핑계를 대며 떠나가고 앨리스만 남게 되었다.

앨리스는 너무 외롭고 슬퍼서 훌쩍훌쩍 울고 있는데, 뒤에서 발자국 소리가 들려 바라보았다.

토끼와 꼬마 도마뱀 빌

흰 토끼가 오다가 앨리스를 발견하고 화를 내며 소리쳤다.

"메리 앤, 당장 장갑하고 부채를 가져오지 않고 뭐 하니?"

앨리스는 뛰어가 '흰 토끼'라는 문패가 붙어 있는 작은집 이층으로 올라갔다. 방 창가의 탁자 위에 부채와 장갑이 놓여 있었다. 앨리스는 문득 거울 옆의 작은 병 하나를 발견하였다. 앨리스가 반도 마시기 전에 머리가 천장에 닿아 버렸다.

몸은 계속 커져 옆으로 누워 한쪽 팔을 창문 밖으로 내밀고, 한쪽 발은 굴뚝 안으로 뻗어 움직일 수가 없었다.

얼마 후, 창문으로 작은 조약돌들이 비 오듯 쏟아져 들어왔다. 얼굴에 맞

조약돌 : 작고 동글동글한 돌

은 앨리스가 그만두라고 외치자 조약돌 비가 뚝 그치고 모두 작은 케이크로 변했다. 앨리스가 그 케이크 하나를 삼키자 키가 다시 작아졌다.

앨리스는 동물들을 피해 숲으로 뛰어가며 중얼거렸다.

"먼저 이 작은 몸을 정상으로 만든 다음에 정원을 찾아야지."

앨리스는 숲에서, 버섯 위에 편안히 앉아서 긴 담뱃대를 물고 있는 파란 애벌레와 눈이 딱 마주쳤다.

애벌레의 충고

"넌 누구냐?"
"오늘 하루 여러 번 키가 바뀌었기 때문에 잘 모르겠어요."
담배를 피우던 애벌레가 입에서 담뱃대를 빼더니 말했다.
"그럼 넌 네가 변했다고 생각하는구나!"
"기억력도 떨어지고 키도 커졌다 작아졌다 하거든요."
애벌레가 담배를 피운 후 풀숲으로 기어가며 말했다.
"한쪽은 크게 만들고 다른 한쪽은 작게 만들 거다."
앨리스는 팔을 활짝 벌려 버섯을 껴안고, 양손으로 버섯의 가장자리를 조금씩 떼어냈다. 먼저, 오른손의 버섯을 조금 입에 넣자, 턱이 발에 부딪쳐 입을 벌리기도 힘들 정도로 작아졌다. 가까스로 왼손의 버섯을 한 조각 삼켰더니, 이번에는 어깨가 안 보일 정도로 목이 늘어나 숲 속 나무의 꼭대기들이 풀밭처럼 보였다.
그때 큰 비둘기가 앨리스 얼굴을 치고 지나면서 소리쳤다.
"뱀이잖아. 난 뱀 때문에 정말 못 살겠어. 알을 품으면서 밤낮으로 망을 보느라고 3주일 동안 잠도 못 잤어."
"걱정 마. 난 익히지 않은 알은 좋아하지 않거든."
"그럼 사라지란 말이야!"
비둘기는 앨리스가 뱀이라 생각하였는지 부루퉁하게 말하며 돌아갔다. 앨리스는 버섯을 번갈아서 갉아먹으며 마침내 원래의 키가 되었다.
"이제, 아까 본 그 정원으로 어떻게 들어갈 수 있지?"
그때 갑자기 앨리스의 눈앞에 확 트인 초원이 나타났다. 높이가 120센티미터쯤 되는 작은 집이 보여서 오른손 버섯을 조금 먹어 키를 23센티미터로 줄인 후, 그 집으로 다가갔다.

돼지와 후추

앨리스가 그 집에 갔을 때, 숲에서 나온 물고기 얼굴 하인이 집 안에서 나온 개구리 얼굴 하인에게 자신의 키만큼 긴 편지를 꺼내 주면서 말했다.

"여왕께서 공작부인께 보내는 크로케 경기 초대장입니다."

초대장 : 어떤 모임의 자리에 오기를 부탁하는 내용의 글

잠시 후, 밖에 앉아서 하늘을 바라보고 있는 개구리 하인에게 앨리스가 다가가서 무슨 일이냐고 물어보았다.

"집 안에 들어갈 수가 없어. 집 안이 너무 시끄러워서 아무도 노크 소리를 듣지 못하거든."

과연 집 안에서 고함소리와 그릇이 깨지는 소리 등 큰 소동이 벌어진 듯한 소리가 들렸다. 노크 소리를 못 들어 들어갈 수 없다고 했으나 앨리스는 그냥 문을 열고 안으로 들어갔다.

"수프에 후춧가루를 너무 많이 쳤나 봐."

앨리스는 재채기가 날 것 같았고, 공작부인도 아기도 쉴 새 없이 재채기를 했지만, 요리사와 부뚜막에 있던 고양이는 재채기를 하지 않았다.

부뚜막 : 흙과 돌을 섞어 편평하게 만든, 아궁이 위에 솥을 걸어 두는 언저리
요리사 : 요리를 전문으로 조리하는 사람

바로 그때 수프를 젓던 요리사는 갑자기 공작부인과 아이에게 닥치는 대로 이것저것 던지기 시작했다.

앨리스가 펄펄 뛰면서 소리를 질렀다.

"제발 그만 하세요. 아이가 다치겠어요."

공작부인은 자장가 같은 노래를 부르면서 아기를 달래 주었지만 노래가 끝날 때마다 자지러지게 울었다.

"자, 네가 아이를 달래 주렴. 나는 여왕님의 크로케 경기에 갈 준비를 해야 하니까."

앨리스는 아기를 안고 밖으로 나왔다. 얼굴을 살펴보니 아기 돼지였다. 앨리스는 아기 돼지를 더 이상 데리고 갈 이유가 없다는 생각이 들어 땅에 내려놓고 숲 속으로 뛰어 들어 갔다.

나뭇가지에 고양이가 앉아 씩 웃고 있어 앨리스가 물었다.

"고양이야, 어느 쪽으로 가야 하는지 가르쳐 주겠니?"
"왼쪽엔 모자 장수, 오른쪽엔 삼월 토끼가 사는데 다 미쳤어."
"너도 여왕님의 크로케 경기에 가니?"
"가고 싶지만 나는 초대받지 못했어."
고양이가 사라진 뒤, 앨리스는 중얼거렸다.
"모자 장수보다 삼월 토끼를 만나는 게 훨씬 재미있을까."

엉터리 다과회

나무 밑 큰 탁자 앞에서 삼월 토끼와 모자 장수가 도마우스 위에 팔꿈치를 올려놓고 홍차를 마시고 있었다. 앨리스가 오는 것을 보고는 자리가 없다고 소리쳤다.

하지만, 앨리스가 큰 탁자 한쪽 끝에 있는 의자에 앉자, 도마우스도 깨어나 말장난을 시작했다.

"시간에게 잘 부탁하면 원하는 대로 돼. 아침 9시 수업 시간에게 한 마디만 하면 금방 1시 30분으로 돌려 점심시간이 되게 하고, 원하면 계속 1시 30분 점심시간에 머물 수 있어."

"당신은 그런 식으로 사나요?"

앨리스가 묻자, 모자 장수는 슬프게 고개를 저었다.

"아니, 우리는 지난 삼월에 저 토끼가 미치기 전에 싸웠어. 하트 여왕께서 연 음악회에서 내가 노래를 불렀는데, 1절을 채 마치기도 전에 여왕께서 시간을 죽이고 있다면서 당장 내 목을 치라고 명령하셨어."

"그건 너무 잔인하군요."

모자 장수는 슬픈 음성으로 시간이 6시에 멈춰 있기 때문에 언제나 다과 시간일 수밖에 없다고 말했다.

다과 : 차와 과자

앨리스는 화가 나서 일어나 숲속을 걸으면서 중얼거렸다.

"저런 엉터리 다과회는 처음이야."

그때에 문이 달린 나무 한 그루를 발견하고, 문을 열고 들어가자 긴 방이 있었다. 조그만 유리 탁자 위에 놓인 황금 열쇠로 정원으로 난 문을 열었다. 그리고 버섯을 먹고 키를 30센티미터쯤으로 줄였다. 작은 통로를 빠져 나가자, 환한 꽃밭과 시원한 분수가 있는 아름다운 정원이 나타났다.

분수 : 좁은 구멍을 통해 물을 뿜어내도록 만든 설비

여왕의 크로케 경기장

정원 입구에는 커다란 흰 장미가 피어 있는 나무가 한 그루 있었고, 세 사람의 정원사가 빨간색으로 칠하고 있었다.

"왜 흰 장미를 빨갛게 칠하고 있나요?"

한 사람이 조그맣게 대답했다.

"사실은 우리가 여기에 빨간 장미를 심었어야 했는데……. 여왕께서 아시면 우리의 목을 치라고 하실 거니까 그분이 오시기 전에……."

그때 다른 한 사람이 소리쳤다.

"여왕께서 오신다!"

여왕이 온다는 소리에 정원사들은 땅에 엎드렸다. 앨리스는 행렬을 구경하기 위해 그냥 서 있었다. 앨리스 앞에 멈춰선 여왕은 근엄하게 앨리스의 이름을 물었다.

행렬 : 여럿이 줄지어 감

"제 이름은 앨리스입니다. 여왕 폐하."

앨리스는 공손하게 대답하면서도 속으로는 이러한 생각을 하고 있었다.

'아무리 큰 소리를 쳐봐야 한낱 트럼프의 카드일 뿐이니까 두려워할 것 없어.'

트럼프 : 서양식 놀이 딱지의 하나. 하트·다이아몬드·클로버·스페이드의 각 13매씩의 네 벌로 나뉘고 이 밖에 조커가 한두 장 덧붙음

여왕이 앨리스를 크로케 경기에 초대하였다.

일행이 도착한 크로케 경기장은 참으로 이상했다. 바닥이 온통 울퉁불퉁했다. 살아 있는 고슴도치 공을 살아 있는 홍학의 머리로 쳐야 했고, 병사

들은 땅에 엎드려서 골대 역할을 했다.

　선수들은 순서도 없이 뛰어들어 고슴도치를 차지하려고 싸웠다. 그럴 때마다 여왕은 발을 구르며 "저 자의 목을 치라."고 호통을 쳤다.

호통 : 몹시 화가 나서 크게 꾸짖음

　경기를 하는 동안 여왕은 걸핏하면 선수들의 목을 베라고 명령했다. 골대 역할을 하던 병사들이 그들을 감옥으로 데려갔으므로, 얼마 후에는 골대가 모두 없어지고 말았다.

감옥 : 죄인을 가두어 두는 곳. '교도소'의 전 이름

가짜 거북의 이야기

　여왕이 그리핀에게, 가짜 거북에게 앨리스를 데려다 주라고 명령했다. 앨리스는 작은 바위 위에 앉아서 슬픈 표정을 짓고 있는 가짜 거북이를 보았다.

　"왜 그렇게 슬퍼하니?"

　"나도 한때는 바다에 있는 학교에 다녔단다."

가짜 거북은 비틀거리기와 뒤틀기를 배웠다고 했다. 또

　"고대 신비와 현대 신비를 배웠지. 해양 지리와 느리게 말하기, 1주일에 한 번씩, 기지개 켜기와 구부려 기절한 체하는 법도 배웠단다."

　"어떻게 하는 건데?"

　"지금은 몸이 굳어 보여 줄 수가 없고, 그리핀은 못 배웠어."

　"맞아, 우리 선생님은 나이 드신 게였거든."

가짜 거북이 한숨을 쉬며 말했다.

　"웃음과 슬픔을 가르쳤다는데, 난 배운 적이 없어."

바닷가재의 춤

　가짜 거북은 지느러미로 눈을 가리고 목이 잠기게 울었다.

그리핀이 거북의 등을 두드려 주자, 이야기를 시작했다.

"너는 바다 밑에서 산 적도 바닷가재를 본 적도 없지……."

"그러니까 바닷가재의 춤이 얼마나 재미있는지 모를 거야."

"어떤 춤인데? 보고 싶어."

"먼저 바닷가에 한 줄로 늘어서야 해."

가짜 거북이 말했다.

"두 줄이야. 물개, 거북, 연어 등…… 두 발짝 앞으로 나가."

가짜 거북과 그리핀은 미친 듯이 소리를 지르며 춤추는 동작을 설명했고, 앨리스가 춤을 보고 싶다고 말하자 가짜 거북과 그리핀은 앨리스 주위를 돌며 춤을 추기 시작했다.

이번에는 앨리스에게 모험담 이야기를 들려 달라고 했다.

"오늘 아침에 한 모험부터 이야기 할게."

앨리스는 흰 토끼를 만나 시작된 모험을 이야기해 주었다.

모험 : 위험을 무릅쓰고 어떤 일을 함

가짜 거북과 그리핀은 앨리스가 예전에 알았던 시들이 잘 생각나지 않는다고 하자, 이상한 일이라고 입을 모았다.

"그럼, 지금 무언가 외워 보겠니?"

앨리스는 일어나서 시 하나를 외우기 시작했다. 그런데 자기도 모르게 엉뚱한 말들이 튀어 나왔다. 앨리스는 주저앉아서 두 손에 얼굴을 묻었고 앨리스가 시 외우는 것을 그만두자, 그리핀이 말했다.

"그럼 바닷가재 춤의 다음 동작을 보여 줄까?"

"난 노래를 듣고 싶어. 가짜 거북이 불러 줄 수만 있……."

바로 그때 멀리서 "재판 개시!"라는 외침이 들리자 그리핀은 재빨리 앨리스의 손을 잡고 달리기 시작했다.

누가 파이를 훔쳤나?

앨리스와 그리핀이 도착해 보니, 왕과 여왕은 왕좌에 앉아 있고 주변에는 카드 묶음과 온갖 종류의 새들과 짐승들이 가득 모여 있었다. 그 앞에 사슬에 묶인 하트 잭과 흰 토끼가 왕 옆에 서 있었다. 법정 한가운데 탁자 위에는 먹음직스러운 커다란 파이 한 접시가 놓여 있었다.

왕이 재판장이고, 열두 명의 배심원들 중, 몇은 네 발 달린 동물이고 몇은 새들이었다. 재판이 시작되어 흰 토끼가 공소장을 낭독했다.

어느 여름날, 하트 여왕은 하루 종일 파이를 구웠네.

하트 잭이 그 파이를 훔쳐서 멀리 도망쳐 버렸네.

첫 번째 증인으로 모자 장수가 불려 나와, 다과회가 시작된 날짜를 묻자 3월 14일이라고 하였다. 삼월토끼는 15일, 도마우스는 16일이라고 주장했다. 바로 그때, 앨리스는 아주 이상한 기분이 들었다. 키가 다시 커지고 있었던 것이다.

모자 장수는 가수 명단을 보고 있는 여왕을 바라보며 집으로 돌아가고 싶다고 말했다. 왕의 허락을 받은 모자 장수는 신발도 신지 않고 다급히 법정을 빠져나갔다.

다음 증인으로 공작부인의 요리사가 후춧가루 통을 들고 나오자, 문 앞에 있던 사람들이 한꺼번에 재채기를 했다.

요리사가 증언을 거부하자 왕에게 흰 토끼가 속삭였다.

"이런 증인은 반대신문을 해야 합니다."

왕은 얼굴을 찌푸린 채 요리사에게 파이를 무엇으로 만들었냐고 물었다. 요리사가 후추라고 하자, 도마우스는 당밀이라고 했다.

그러자 여왕이 도마우스를 체포해서 내쫓으라는 명령을 했다. 법정이 소란스러울 때 요리사는 도망쳤다.

체포 : 죄인을 쫓아가서 잡음

왕이 여왕에게 말했다.

"다음 증인은 당신이 반대신문을 하구려. 나는 골치가 아파."

앨리스의 증언
증언 : 사실을 증명함

흰 토끼가 날카로운 소리로 다음 증인은 '앨리스!'라고 외쳤다. 앨리스는 자기 몸이 얼마나 커졌는지 잊은 채, 벌떡 일어나다 배심원석에 걸려 넘어져 아래 있던 방청객들 위로 떨어졌다.
배심원 : 일반 국민 가운데에서 선출되어 배심 재판에 참여하는 사람

왕이 앨리스에게 이 일에 관해 알고 있는 것이 있냐고 묻자 없다고 대답했다. 이어서 왕이 큰소리로 법전을 낭독했다.
낭독 : 글을 소리 내어 읽음

"규칙 제42조, 키가 1마일 이상이면 법정을 나가야 한다."

여왕은 앨리스의 키가 2마일이니 나가라고 하였다. 앨리스가 금방 만든 조문은 따를 수 없다고 하자, 왕은 얼굴이 창백해져 배심원들에게 판결을 독촉했다. 그때 흰 토끼가 증거로 봉투에 아무것도 쓰여 있지 않은 편지가 더 있다고 했다.
조문 : 규정이나 법령 따위에서 조목으로 나누어 적은 글
판결 : 시비나 선악을 판단해 결정함
독촉 : 어떤 일이나 행동을 빨리 하라고 재촉함

배심원들과 왕은 범인 글씨인가를 놓고 의심했다.

하트 잭이 말했다.

"재판장님, 저는 그걸 쓰지 않았습니다. 제 서명도 없어요."
서명 : 자기의 이름을 써넣음. 또는 써넣은 것

"서명이 없는 것이 의심스러워. 떳떳하면 서명 했을 게야."

왕이 재치 있게 받아 넘기자, 박수가 터져 나왔다.

왕이 토끼에게 읽게 하고 그것이 중요한 증거라고 말했다.

앨리스가 말했다.

"아무런 뜻도 없는 것 같아요. 뜻이 있다면 설명해 보세요."

그러나 배심원들은 아무도 그 뜻을 설명하지 않았다.

여러 번 시의 내용을 확인하고 나서, 왕은 마침내 화난 얼굴로 말했다.

"이건 말장난이야! 자아, 배심원들은 평결을 내리시오."

그러자 여왕이 말했다.
평결 : 평론하거나 평가해서 결정함

"안 돼, 선고를 내리고 나서 평결을 해라."
선고 : 법정에서 재판의 판결을 사람들에게 공개하여 널리 알림

앨리스가 큰 소리로 말했다.

"평결이 있기 전에 선고를 내리는 건 말도 안 돼!"

여왕이 앨리스의 목을 치라고 소리쳤지만 아무도 움직이지 않았다.
앨리스가 말했다.
"내가 무서워할 줄 알아? 너희들은 카드 묶음에 불과해."
앨리스의 키는 어느새 정상으로 돌아와 있었다. 바로 그때 카드들이 일제히 공중으로 날아올라 앨리스 앞으로 떨어졌다. 앨리스는 소리를 지르며 그것들을 떨쳐냈다. 다음 순간, 앨리스의 언니는 자기 무릎을 베고 누운 동생의 얼굴에서 나뭇잎을 살며시 떼어 내며 말했다.
"앨리스, 그만 일어나렴. 아주 오래 자는구나!"
"어머나, 난 정말 신기한 꿈을 꿨어."
앨리스가 언니에게 지금까지 꿈속에서 있었던 모험 이야기를 모두 들려주자 언니는 입을 맞추며 말했다.
"정말 신기한 꿈이구나! 자아, 다과 시간에 늦기 전에 어서 가자!"
앨리스의 언니는 동생이 먼저 가고 난 뒤, 혼자 앉아서 저무는 해를 바라보았다.
언니는 앨리스가 어린 시절에 자기가 꿈꾸었던 이상한 나라의 이야기를 어린 아이들에게 들려주면서 즐거워하는 모습을 그려 보았다.

1 앨리스가 토끼 굴로 들어가게 된 이유는 무엇인가요?

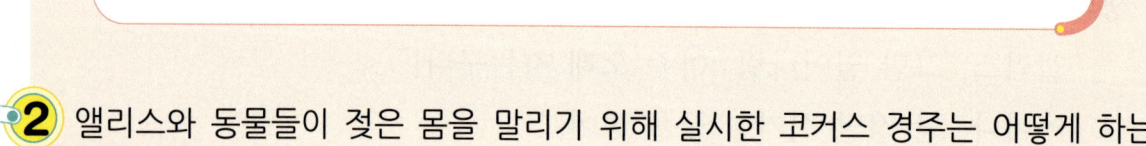

2 앨리스와 동물들이 젖은 몸을 말리기 위해 실시한 코커스 경주는 어떻게 하는 것인가요?

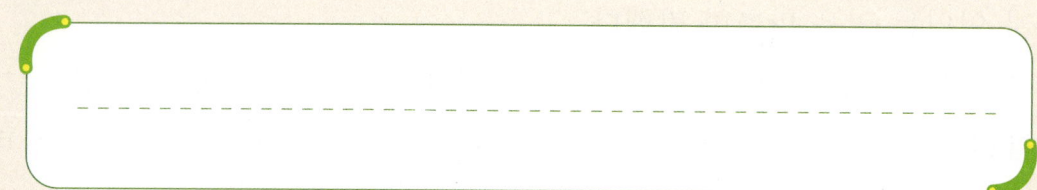

3 앨리스가 정원으로 들어갔을 때 정원사들이 빨간색 물감으로 하얀 장미를 칠하고 있었던 까닭은 무엇인가요?

4 크로케 경기장에서 선수들이 순서도 없이 뛰어들어 고슴도치를 차지하려고 싸울 때마다 여왕이 한 말은 무엇이었나요?

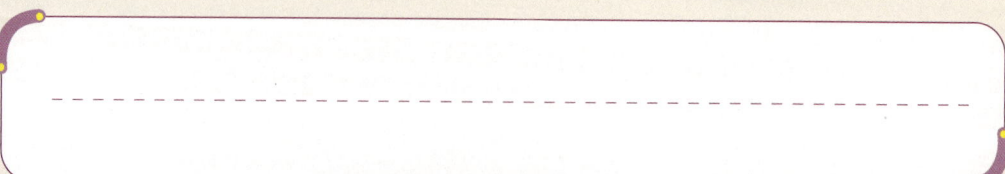

1. '뱀이라 오해를 받고 어이없어 하는 앨리스'

> 큰 비둘기가 앨리스의 얼굴을 치고 지나가면서 소리쳤다.
> "뱀이잖아. 난 뱀 때문에 정말 못 살겠어. 알을 품으면서 밤낮으로 망을 보느라고 3주일 동안 잠도 못 잤어."
> "걱정 마. 난 익히지 않은 알은 좋아하지 않거든."

😊 앨리스가 되어 뱀이라 오해하는 비둘기에게 자신의 억울함을 호소하는 글을 적어 보세요.

....

....

2. '신기한 꿈을 꾼 앨리스'

> "앨리스, 그만 일어나렴. 아주 오래 자는구나!"
> "어머나, 난 정말 신기한 꿈을 꿨어."
> 앨리스는 언니에게 지금까지 꿈속에서 있었던 모험 이야기를 모두 들려주었다.

😊 앨리스가 되어 꿈속에서 있었던 일 중 가장 재미있고 신기한 이야기를 친구들에게 들려주세요.

....

....

1 앨리스는 언니 옆에 앉아 있기가 지겨워 나중 일은 생각하지도 않고 토끼 굴로 들어갑니다. 여러분이라면 어떻게 하겠습니까?

2 공작부인의 요리사는 수프에 후춧가루를 잔뜩 치고, 공작부인과 아기에게 이것저것 물건을 던지는 등 이상한 행동을 합니다. 공작 부인의 요리사에게 해 주고 싶은 말은 무엇인가요?

글숲 여행을 마치며

앨리스는 여러 종류의 동물들을 만나 많은 일을 겪게 됩니다. 여러분도 이처럼 여러 동물들을 만날 기회를 얻게 된다면 무엇을 하고 싶은지 3가지를 쓰고 그 이유를 적어 보세요.

3 공주를 구한 삼 형제

1 삼 형제가 어떻게 공주를 구했을지 상상하여 적어 보세요.

2 내가 갖고 있는 물건 중 가장 값지다고 생각하는 것과 그 까닭을 적어 보세요.

(1) 가장 값진 물건 :

(2) 가장 값지다고 생각한 까닭 :

3 아래 글을 읽어 보고 ⬜ 에 공통으로 들어갈 말을 쓰세요.

- ⬜ 을 쓸 때에는 사실을 먼저 쓰고 그것에 대한 내 ⬜ 을 씁니다.
- 어떤 문제에 대하여 ⬜ 이 잘 드러나게 글을 쓰려면 사실을 바탕으로 해야 합니다.

구연동화를 QR로 확인하세요.

의견과 까닭을 생각하며 '공주를 구한 삼 형제'를 읽어 봅시다.

공주를 구한 삼 형제

옛날 옛적, 어느 나라 임금님에게 외동딸이 있었습니다. 그런데 어느 날, 아름다운 공주가 덜컥 병에 걸려 자리에 눕고 말았습니다.
외동딸: '외딸(딸로서는 하나뿐인 딸)'을 귀엽게 이르는 말

하루가 지나고, 이틀이 지나고, 사흘이 지나도 공주의 병은 낫지 않았습니다.

"어허, 이를 어쩐담……."

임금님은 무척 걱정을 했습니다.

나라 안에 있는 유명한 의사란 의사는 다 불러 치료했지만, 아무 소용이 없었습니다.

이웃 나라의 유명한 의사까지도 불러왔지만, 공주의 병은 낫지 않았답니다.

날이 갈수록 공주의 병은 점점 더 깊어만 갔습니다. 임금님은 생각 끝에 궁궐 앞에 글을 써 붙였습니다.
궁궐: 임금이 거처하는 집

> 공주가 심한 병에 걸렸다. 공주의 병을 고쳐준 사람을 사위로 삼을 것이다. 그리고 훗날 이 나라를 물려줄 것이다.
>
> -임금-

그때, 이 나라의 시골 마을에 삼 형제가 살고 있었습니다. 삼 형제는 각각 보물을 갖고 있었답니다. 큰아들이 가진 보물은 아무리 먼 곳이라도 가까이 볼 수 있는 마법의 망원경이었고, 둘째 아들이 가진 보물은 하늘을 빨리 날 수 있는 마법의 양탄자였습니다. 그리고 막내아들이 가진 보물은 어
형제: 형과 아우
양탄자: 양털 따위의 털을 표면에 보풀이 일게 짠 두꺼운 모직물. 장식용으로 마루에 깔거나 벽에 거는 데 쓰임

3. 공주를 구한 삼 형제

떤 병이라도 낫게 할 수 있는 마법의 사과였답니다.

그러던 어느 날이었습니다.

"어라, 저게 뭘까?" 마법의 망원경으로 먼 곳을 살펴보던 큰아들이 궁

망원경 : 두 개 이상의 볼록 렌즈를 맞추어 멀리 있는 물체를 크고 정확하게 보게 만든 장치. 만리경. 천리경

궐 앞에 붙은 글을 보게 되었습니다.

"얘들아, 이리 와 봐."

"왜 그래, 형?"

큰아들이 부르자, 두 동생이 다가왔습니다.

"잘 들어 봐, 공주님이 병에 걸리셨대. 가, 가만……. 그런데 공주님의 병을 고쳐 준 사람은 사위로 삼고, 또 훗날 나라도 물려준대."

큰아들이 하는 말을 듣고 동생들이 말했어요.

"큰형, 우리가 가서 공주님의 병을 고쳐 주자."

"좋다. 둘째야, 빨리 떠날 준비를 해라."

"알았어, 형."

삼 형제는 둘째 아들이 준비한 마법의 양탄자를 타고 궁궐로 슈웅 날아갔습니다.

"막내야, 이제 네가 나설 차례다."

"알았어, 큰형."

막내아들은 어깨에 맨 가방에서 마법의 사과를 꺼냈습니다. 그리고는 병이 들어 누워 있는 공주에게 먹였습니다. 그러자 신기하게도 공주의 병은 씻은 듯이 싸악 나았어요.

마법 : 사람의 능력을 뛰어넘는 이상한 힘으로 신기한 일을 행하는 기술

"아바마마."

"오, 공주야! 네 병이 정말 다 나은 게냐?"

"네, 아바마마."

"오, 이렇게 기쁠 수가!"

궁궐에는 즐거운 음악이 넘쳐 흘렀습니다.

임금님은 삼 형제를 위해 큰 잔치를 베풀어 주었습니다.

"자, 이제 약속한 대로 우리 예쁜 공주의 신랑감을 골라야겠소. 그런데 신랑감이 셋이니 이를 어쩐담……."

임금님이 걱정을 하면서 큰아들을 바라보았습니다.

"임금님, 걱정하실 거 없습니다. 공주님의 병을 고치는 데 가장 큰 공을 세운 사람은 바로 저거든요. 제 마법의 망원경이 없었다면 공주님이 병에 걸린 것을 몰랐을 테니까요."
그러자 둘째 아들이 말했습니다.
"공주님이 병에 걸린 걸 알았다 해도, 제 마법의 양탄자가 없었다면 이 궁궐로 이렇게 빨리 날아올 수 없었을 겁니다. 임금님."
막내아들도 말했습니다.
"임금님, 마법의 망원경으로 임금님이 써서 붙인 글을 보고, 마법의 양탄자를 타고 빠른 시간에 날아온 건 사실입니다. 하지만 제 마법의 사과가 없었다면 공주님의 병을 고칠 수 없었을 겁니다."
"그거 참, 사위 고르기 힘들군……."
삼 형제의 말을 모두 들은 임금님은 깊이 더 깊이 생각에 잠겼습니다.
"결정했소!"
생각에 잠겼던 임금님이 벌떡 일어나 말했습니다.
"그대들 삼 형제 중에서 마법의 사과를 가져온 막냇동생을 공주의 신랑감으로 택하겠소."
"임금님, 왜 그렇게 결정하셨습니까?"
"저도 그 이유를 알고 싶습니다."
큰아들과 둘째 아들이 묻자, 임금님이 대답했습니다.
"그대 둘에게는 아직 보물이 남아 있소. 하지만 마법의 사과를 공주에게 먹인 막내에게는 이제 보물이 없소. 나는 공주를 위해 자기 보물을 아낌없이 다 쓴 막내를 사위로 선택한 것이오."

사위 : 딸의 남편

1 임금님이 궁궐 앞에 글을 써 붙인 까닭은 무엇인가요?

2 삼 형제가 가지고 있는 보물은 무엇인가요?

    (1) 큰아들 ➡   (2) 둘째 아들 ➡   (3) 막내 아들 ➡

3 삼 형제는 각각 공주의 병을 낫게 하기 위하여 어떤 역할을 하였나요?

  (1) 큰 아들 :

  (2) 둘째 아들 :

  (3) 막내 아들 :

4 삼 형제는 각각 어떤 까닭으로 자신이 임금님의 사위가 되어야 한다고 말했나요?

     • 의견: 제가 사위가 되어야 합니다. • 까닭: 왜냐하면

  (1) 큰 아들 :

  (2) 둘째 아들 :

  (3) 막내 아들 :

5 임금님이 막내 아들을 공주의 신랑감으로 결정한 까닭은 무엇인가요?

1 '어허, 이를 어쩐담······.'

> 나라 안에 있는 유명한 의사란 의사는 다 불러 치료했지만, 아무 소용이 없었습니다. 날이 갈수록 공주의 병은 점점 더 깊어만 갔습니다.

 임금님이 되어 보고 하나밖에 없는 외동딸을 바라보는 마음을 적어 보세요.

....

....

2 '임금님, 제 이야기를 들어주세요!'

> 그대 둘에게는 아직 보물이 남아 있소. 하지만 마법의 사과를 공주에게 먹인 막내에게는 이제 보물이 없소. 나는 공주를 위해 자기 보물을 아낌없이 다 쓴 막내를 사위로 선택한 것이오.

형과 동생이 되어 임금님의 결정에 각각의 의견을 적어 보세요.

(1) 형 ➡
....
(2) 동생 ➡
....

1 내가 임금님이라면 삼 형제 중 누구를 사위로 결정할까요?

(1) 내가 만약 임금님 입장이라면 나는 ☐ 로 결정하겠습니다.

(2) 왜냐하면

2 임금님께서 공주의 병을 고쳐 준 사람을 사위로 삼고 나라까지 물려주겠다고 한 것에서 느낄 수 있는 것은 무엇인가요?

3. 공주를 구한 삼 형제　43

글숲 여행을 마치며

우리 반 급식 시간에 일어나는 문제점에 대하여 보기와 같이 사실과 의견으로 나누어 적어 보세요.

○ 보 기 ○

(1) 문제점: 급식 당번들의 위생에 문제가 있다.
(2) 일어난 사실: 당번들이 손을 씻지 않고 급식을 나누어 주었다.
(3) 내 의견: 당번이 손을 깨끗하게 씻은 다음 배식을 하도록 해야 한다.

(1) 문제점

(2) 일어난 사실

(3) 내 의견

내가 재판장이라면

 다음과 같은 문제에 대하여 재판장이 되어 나의 의견과 그 까닭을 써 보세요.

복도에서 뛰다가 친구와 부딪쳐 넘어졌다.

(1) 나의 의견 :

(2) 까닭 :

 '토끼와 자라'하면 떠오르는 생각을 마인드맵으로 정리해 보세요.

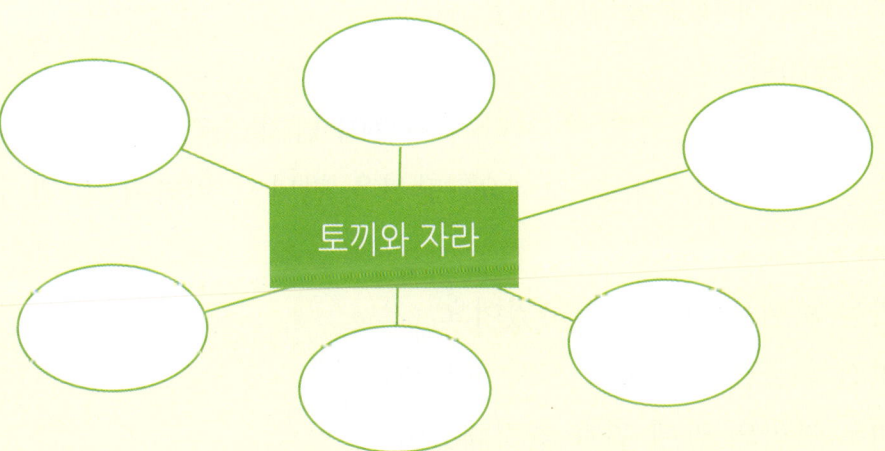

구연동화를 QR로 확인하세요.

용궁에 다녀온 토끼와 자라가 재판을 받는 내용의 글을 읽고 의견과 까닭을 구별해 봅시다.

내가 재판장이라면

바닷속 용궁에 큰일이 생겼어요. 용왕님이 갑작스럽게 병에 걸린 거예요. 그러나 아무도 용왕님의 병을 고치지 못하였어요.

"육지에 사는 토끼의 간만이 용왕님의 병을 고칠 수 있습니다."

용궁 의사가 말하였어요.
용궁 : 바닷속에 있다고 하는 용왕의 궁전

"누가 토끼의 간을 구해 오겠느냐?"

서로 눈치만 보고 있을 때, 자라가 선뜻 나섰어요.
자라 : 하천에 살며 모양이 거북과 비슷함. 목이 길고 부리도 길며 뾰족함. 꼬리는 짧고 발에 발톱이 각각 세 개씩 있음

"제가 다녀오겠습니다."

자라는 토끼의 모습이 그려진 그림 한 장을 들고 육지에 올랐어요.

"아! 참 아름답구나."

자라는 육지 풍경에 넋을 잃고 말았어요.
넋 : 정신이나 마음을 이르는 말

"도대체 어디 가서 토끼를 찾지?"

바로 그때, 자라 앞을 깡충깡충 뛰어가는 동물이 있었어요.

"앗, 토끼다!"

그림과 꼭 닮은 동물을 본 자라는 기쁨에 넘쳐 소리쳤어요.

"멋쟁이 토끼님, 저 좀 보세요. 당신을 만나기 위하여 먼 바다에서 왔답니다."

자라는 토끼를 잔뜩 칭찬하였어요.

"멋진 용궁을 구경하고 싶지 않으세요?"

토끼는 자라의 말에 귀가 솔깃해졌어요.

"좋아요, 함께 갑시다."

토끼는 자라의 등에 냉큼 올라탔어요. 자라는 용궁을 향하여 쏜살같이 헤엄쳤어요.

"우와! 바닷속이 너무 아름다워요."

토끼는 가슴이 설레어 어쩔 줄 몰랐어요.

그런데 용궁에 도착하자마자, 토끼는 힘센 물고기들에게 밧줄로 꽁꽁 묶였어요.

'아차, 내가 속았구나!'

토끼는 자기가 자라의 꾐에 빠진 것을 알았어요. 토끼는 용왕님 앞으로 끌려갔어요.

"용왕님의 병을 고치려면 너의 간이 필요하니, 당장 간을 내놓도록 하여라!"

험상궂게 생긴 신하가 명령을 내렸어요. 토끼는 너무 놀라서 기절을 할 것 같았어요.

'이럴 때일수록 정신을 차려야지!'

토끼는 마음을 가라앉히고 말하였어요.

"참으로 안타깝게 되었군요. 저는 가끔 간을 꺼내 바위틈에 넣어 둔답니다. 용왕님께 제 간을 드리고 싶지만, 지금은 제 몸속에 없으니 어쩌지요?"

이 말을 들은 신하들은 깜짝 놀랐어요.

"그럼 다시 육지에 나가 네 간을 가져오겠느냐?"

"그럼요, 용왕님의 병을 낫게 한다면 그보다 더 기쁜 일이 어디 있겠어요?"

토끼는 능청스럽게 거짓말을 하였어요. 토끼는 다시 자라의 등을 타고 육지로 올라갔어요. 육지에 도착한 토끼는 얼른 땅 위로 올라섰어요.

능청 : 마음속은 엉큼하면서 겉으로는 천연스럽게 행동하는 태도

"이 어리석은 자라야, 세상에 간을 빼놓고 다니는 짐승이 어디 있니?"

토끼는 깔깔거리며 숲 속으로 사라져 버렸어요. 자라는 바닷가에 주저앉아 엉엉 울고 말았답니다.

"좋아요, 함께 갑시다."

토끼는 자라의 등에 냉큼 올라탔어요. 자라는 용궁을 향하여 쏜살같이 헤엄쳤어요.

"우와! 바닷속이 너무 아름다워요."

토끼는 가슴이 설레어 어쩔 줄 몰랐어요.

그런데 용궁에 도착하자마자, 토끼는 힘센 물고기들에게 밧줄로 꽁꽁 묶였어요.

'아차, 내가 속았구나!'

토끼는 자기가 자라의 꾐에 빠진 것을 알았어요. 토끼는 용왕님 앞으로 끌려갔어요.

"용왕님의 병을 고치려면 너의 간이 필요하니, 당장 간을 내놓도록 하여라!"

험상궂게 생긴 신하가 명령을 내렸어요. 토끼는 너무 놀라서 기절을 할 것 같았어요.

'이럴 때일수록 정신을 차려야지!'

토끼는 마음을 가라앉히고 말하였어요.

"참으로 안타깝게 되었군요. 저는 가끔 간을 꺼내 바위틈에 넣어 둔답니다. 용왕님께 제 간을 드리고 싶지만, 지금은 제 몸속에 없으니 어쩌지요?"

이 말을 들은 신하들은 깜짝 놀랐어요.

"그럼 다시 육지에 나가 네 간을 가져오겠느냐?"

"그럼요, 용왕님의 병을 낫게 한다면 그보다 더 기쁜 일이 어디 있겠어요?"

토끼는 능청스럽게 거짓말을 하였어요. 토끼는 다시 자라의 등을 타고 육지로 올라갔어요. 육지에 도착한 토끼는 얼른 땅 위로 올라섰어요.

능청 : 마음속은 엉큼하면서 겉으로는 천연스럽게 행동하는 태도

"이 어리석은 자라야, 세상에 간을 빼놓고 다니는 짐승이 어디 있니?"

토끼는 깔깔거리며 숲 속으로 사라져 버렸어요. 자라는 바닷가에 주저앉아 엉엉 울고 말았답니다.

내가 재판장이라면?
재판장 : 합의제 법원에서 합의체의 대표자

재판장: 토끼님과 자라님은 지난번 용궁에서 있었던 일에 대한 자기의 의견을 말씀하여 주십시오.

토 끼: 재판장님, 자라는 벌을 받아야 합니다. 왜냐하면, 거짓말쟁이인데다가 흉악하기 때문입니다. 처음에 자라는 저에게 용궁에 온갖 맛난 음식과 진귀한 보배가 있는 것처럼 말하였습니다. 그리고 자기를 따라 용궁에 가면 큰 상을 줄 것처럼 말하였습니다. 그래서 저는 자라를 따라 용궁에 갔습니다. 그런데 용궁에 다다르자, 자라는 뻔뻔스럽게도 멀쩡한 제 배를 갈라 간을 꺼내려고 하였습니다. 저는 하마터면 죽을 뻔하였습니다. 자라한테 벌을 주어야 합니다. 그러지 않으면 다른 동물들이 언제 또 이런 일을 당할지 모릅니다.

보배 : 귀하고 소중한 물건

자 라: 재판장님, 저는 죄가 없습니다. 물론, 토끼를 속여서 용궁으로 데리고 간 것은 토끼한테 미안한 일입니다. 그런데 제가 못된 동물이라서 그런 것은 아닙니다. 재판장님도 아시다시피 용왕님께서 몹시 편찮으셨습니다. 토끼의 간밖에는 약이 없다는데, 그걸 구하려면 토끼를 용궁으로 데려가야 하지 않겠습니까? 용왕님을 살리기 위하여 저는 어쩔 수 없이 토끼를 용궁으로 데려가야 하였습니다. 게다가 토끼한테도 잘못이 있습니다. 토끼는 제멋에 겨워 달콤한 말에 속았습니다. 헛된 욕심을 부리지 않았다면 토끼는 용궁에 따라오지 않았을 것입니다.

욕심 : 분수에 지나치게 탐내거나 누리고자 하는 마음

재판장: 판결을 내리겠습니다.

판결 : 옳고 그름이나 좋고 나쁨을 판단하여 결정함

1 바닷속 용궁에 어떤 큰일이 생겼나요?

2 용왕님의 병을 고칠 수 있는 약은 무엇인가요?

3 육지로 올라온 자라가 처음 본 토끼를 알아 볼 수 있었던 것은 무엇 때문인가요?

4 토끼는 어떻게 해서 용궁에서 살아올 수 있었나요?

5 토끼와 자라의 의견과 까닭을 구별하여 써 보세요.

상황	토끼	자라
의견	(1)	(2)
까닭	(3)	(4)

1 '자라를 재판하는 토끼'

아름다운 경치를 구경시켜 준다고 하여 자라 등에 타고 용궁으로 갔더니 힘센 물고기들이 밧줄로 꽁꽁 묶네요.

😊 토끼가 되어 나를 속인 자라를 의견과 까닭이 드러나게 재판하여 보세요.

(1) 나의 의견 ➡

(2) 까닭 : 왜냐하면 ➡

2 '토끼야, 미안하다. 하지만…….'

용왕님의 병을 고치기 위해 그림 한 장만을 가지고 육지로 올라와 토끼를 만났는데, 멋진 용궁 구경을 시켜 준다는 말과 칭찬에 의심도 없이 나의 등에 올라 타네요.

😊 자라가 되어 토끼의 행동에 대한 나의 의견과 까닭을 적어 보세요.

(1) 나의 의견 ➡

(2) 까닭 : 왜냐하면 ➡

1 토끼와 자라의 말을 듣고 내가 만약 재판장이라면 어떤 말을 토끼와 자라에게 했을지 의견과 까닭으로 나누어 써 보고 친구들 앞에서 발표해 보세요.

2 다음 이야기를 읽고 물음에 답해 보세요.

> 자라가 용궁에 가면 온갖 맛난 음식과 진귀한 보배가 있는 것처럼 말하면서 용궁에 가면 큰 상을 준다고 하여 따라 갔습니다.
> 그런데 용궁에 다다르자, 자라는 뻔뻔스럽게도 멀쩡한 제 배를 갈라 간을 꺼내려고 하였습니다. 하마터면 죽을 뻔하였는데 바위에다 간을 두고 왔다고 꾀를 내어 살아나 천만 다행이에요.

만약 내가 토끼였다면 어떻게 하였을까요?

(1) 나는 :

(2) 왜냐하면 :

글숲 여행을 마치며

🌱 다음 글을 읽고 물음에 답하세요.

 옛날, 인도의 한 왕이 신하들에게 명하였다.
 "태어날 때부터 아무것도 본 적이 없는 장님 아홉 명을 불러 오너라."
 장님들이 궁궐에 도착하자, 왕은 신하를 시켜 코끼리 한 마리를 끌어오게 한 다음에 장님들에게 만져 보라고 하였다. 장님들은 코끼리 주위에 모여들어 손으로 코끼리를 만지기 시작하였다. 어떤 사람은 꼬리를 만졌고, 어떤 사람은 머리를 만졌으며, 어떤 사람은 다리를 만졌고, 어떤 사람은 배를 만졌다. 모두 코끼리를 만지고 나자, 왕이 그들에게 물었다.
 "이제 코끼리가 어떻게 생겼는지 알겠느냐?"
 맨 먼저, 다리를 만져 본 장님이 말하였다.
 "둥글고 긴 것이 마치 커다란 나무통과 같습니다."
 이 말을 듣고 꼬리를 만져 본 사람이 말하였다.
 "이보게, 자네가 틀렸네. 전하, 제가 보기에는 커다란 북처럼 생겼습니다."
 이번에는 가슴을 만져 본 사람이 말하였다.
 "아닙니다. 높은 담벼락과 같사옵니다."
 등을 만졌던 사람도 지지 않고 말하였다.
 "아닙니다. 높은 책상처럼 생겼습니다."
 장님들의 대답은 끝없이 이어졌다. 귀를 만진 사람이 대답하였다.
 "앞에서 말한 것과 전혀 다릅니다. 커다란 부채처럼 생겼습니다."
 머리를 만져 본 사람이 말하였다.
 "작은 언덕 같사옵니다."
 다시 상아를 만져 본 사람이 말하였다.
 "뿔과 같습니다."
 맨 마지막으로 코를 만졌던 사람이 대답하였다.
 "모두 틀렸습니다. 코끼리는 굵고 긴 보아 뱀과 같습니다."
 장님들의 대답을 다 듣고 난 왕이 웃으며 말하였다.
 "세상 사람들은 모두 자신이 생각하는 것을 옳다고 주장하는구나!"

(출처: 기세인본경)

코끼리의 부위를 다르게 만져본 장님들이 서로 자신의 말이 맞다고 주장합니다. 여러분이 재판장이 되어 장님들의 주장에 대한 판결을 내려 보세요.

지나친 욕심

 지나친 욕심 때문에 벌을 받는 내용의 책을 생각해 보고 그 주인공에게 해 주고 싶은 말을 적어 보세요.

(1) 책 제목 :

(2) 책의 내용 :

(3) 벌 받은 주인공에게 해 주고 싶은 말 :

 어떤 일을 할 때 지나치게 욕심을 부리면 어떻게 될까요?

구연동화를 QR로 확인하세요.

인물의 말과 행동을 생각하며 '지나친 욕심'을 읽어 봅시다.

지나친 욕심

어느 마을에 농부와 아내가 살고 있었습니다. 두 사람은 가난하였지만, 부지런히 농사를 지으면서 착하고 행복하게 살았습니다. 그러던 어느 날, 밭일을 마친 농부와 아내가 집으로 돌아왔습니다. 그런데 처음 보는 거위가 마당에서 왔다 갔다 하고 있었습니다.

"웬 거위지?"

거위: 오릿과의 새. 목이 길다. 헤엄을 잘 치나 잘 날지는 못한다

"주인이 나타날 때까지 우리가 키웁시다."

그날부터 거위는 농부네 식구가 되어 함께 살았습니다. 거위가 농부네 집에 온 지 딱 열흘째 되는 날이었습니다.

"꽥, 꽥꽥……."

그 거위가 알을 낳았습니다. 그것도 딱 하나를 낳았습니다. 그런데 거위 알을 본 농부와 아내는 깜짝 놀랐습니다.

"어머나!"

"아니!"

거위가 낳은 알을 본 농부와 아내는 입이 딱 벌어졌습니다. 거위가 낳은 알이 반짝반짝 금빛으로 빛나고 있었기 때문입니다.

"이것은 틀림없는 황금알이야!"

농부와 아내는 기뻐서 덩실덩실 춤을 추었습니다.

덩실덩실: 신이 나서 팔다리를 흥겹게 자꾸 놀리며 춤을 추는 모양

그 뒤로 거위는 날마다 황금알을 딱 하나씩만 낳았습니다. 농부는 그 황금알을 날마다 시장에 내다 팔았습니다. 농부네 집의 살림은 점점 불어났습니다. 그래서 넓은 밭도 사고, 새 집도 지었습니다.

　착하고 부지런한 농부와 아내는 점점 게을러져서 농사도 짓지 않고, 빈둥빈둥 놀기만 하였습니다. 두 사람은 몸이 편안한 만큼 욕심도 점점 더 커
빈둥빈둥 : 자꾸 게으름을 피우며 아무 일도 하지 아니하고 놀기만 하는 모양
졌습니다. 하루는 농부가 아내에게 물었습니다.
　"여보, 거위가 하루에 황금알을 하나씩만 낳으니, 우린 언제 이 나라에서 제일가는 부자가 되겠소? 한꺼번에 많은 황금알을 얻을 방법은 없겠소?"
　"날마다 하나씩 황금알을 낳는 걸 보면, 저 거위 뱃속에는 황큼알이 엄청나게 많이 있을 거예요. 그러니 거위의 배를 갈라서 안에 든 황금알을 모두 꺼내요!"

5. 지나친 욕심

"여보, 당신 말이 맞소! 당장 거위의 배를 가릅시다."

잠시 뒤, 농부는 거위를 붙잡았습니다. 그러고는 거위를 잡아 배를 갈랐습니다. 뱃속을 들여다본 농부와 아내는 깜짝 놀랐습니다. 거위의 뱃속에는 황금알이 하나도 없었습니다. 농부와 아내는 주저앉아 땅을 치며 후회하였습니다.

"아이코, 이를 어쩌나? 쓸데없는 욕심을 부리다 아까운 거위만 죽였네, 에구 에구구……."

① 부지런한 농부와 아내는 왜 거위를 키우기로 하였나요?

② 거위가 알을 낳기 시작한 것은 언제부터인가요?

③ 부지런했던 농부와 아내는 황금알을 얻고 나서 어떻게 달라졌나요?

④ 농부와 아내는 황금알을 더 많이 얻기 위하여 어떻게 하였나요?

⑤ 거위의 뱃속에는 무엇이 들어 있었나요?

⑥ 농부와 아내가 후회한 것은 무엇인가요?

1 '내가 부자가 되면…….'

> "여보, 거위가 하루에 황금알을 하나씩만 낳으니, 언제 이 나라에서 제일가는 부자가 되겠소? 한꺼번에 많은 황금알을 얻을 방법은 없겠소?"

😊 농부가 되어 왜 이 나라에서 제일가는 부자가 되고 싶었는지 이유를 적어 보세요.

2 '저를 죽이지 말아 주세요.'

> "날마다 하나씩 황금알을 낳는 걸 보면, 저 거위 뱃속에는 황금알이 엄청나게 많이 있을 거예요. 그러니 거위의 배를 갈라서 안에 든 황금알을 모두 꺼내요."

😊 황금 거위가 되어 나를 죽이려 하는 농부와 아내에게 하고 싶은 말을 적어 보세요.

1 내가 농부와 아내였다면 황금 거위를 어떻게 하였을까요?

2 농부와 아내처럼 지나치게 욕심을 부리다가 손해를 본 경험을 적어 보세요.

3 황금알이 생기기 전의 농부와 황금알이 생긴 후의 농부의 변화를 생각해 보고 보기에서 어울리는 낱말을 찾아 적어 보세요.

○ 보 기 ○
지나친 욕심 때문에 손해를 본다.
게으르고 욕심이 많다.   착하고 부지런하다.

(1) 황금알이 생기기 전의 농부   -

(2) 황금알이 생긴 후의 농부   -

(3) 이 이야기가 주는 가르침   -

글숲 여행을 마치며

'지나친 욕심'에 대해 내 의견이 잘 드러나게 글을 써 보세요.

(1) 제목 :

욕심이 너무 지나치면

소를 탄 노인

 '소를 탄 노인'이라는 제목을 보고 어떤 이야기일지 상상하여 적어 보세요.

※ 다음 이야기를 읽고 마음에 드는 인물과 까닭을 생각해 보세요.

> 옴두꺼비의 부모님은 오랫동안 기다렸던 아이가 사람이 아닌 옴두꺼비로 태어났지만, 조금의 거리낌도 없이 사랑으로 길렀습니다. 게다가 두꺼비 아들이 간절히 원하자 목숨을 걸고 좌수 영감에게 혼인 얘기를 꺼내지요. 현명한 좌수 영감은 옴두꺼비의 진정한 가치를 알아보았고, 막내딸은 아버지를 믿고 옴두꺼비와 결혼합니다. 그리고 언니들의 구박과 놀림에도 불구하고 옴두꺼비 남편을 진심으로 사랑하고 위하였지요. 이러한 믿음과 사랑 덕분에 볼품없던 옴두꺼비는 멋진 청년으로 변신합니다. 또 산신을 부려 사슴을 백 마리나 사냥하는 신기하고 놀라운 능력도 보여 주었지요.

2 이야기에 등장하는 각 인물이 한 일을 서로 연결해 보세요.

(1) 옴두꺼비 부모님 • • (가) 막내딸과 옴두꺼비를 결혼시킴

(2) 좌수 영감 • • (나) 옴두꺼비인데도 자식을 사랑함

(3) 막내딸 • • (다) 구박과 놀림

(4) 언니들 • • (라) 옴두꺼비를 진심으로 사랑함

구연동화를 QR로 확인하세요.

인물의 말과 행동을 생각하며 '소를 탄 노인'을 읽어 봅시다.

소를 탄 노인

맹사성은 언제나 겸손한 자세로 검소하게 살았던 분입니다. 임금을 옆에서 도와주는 '정승'이라는 높은 벼슬을 지낼 때도 비가 새는 초가집에 살았습니다. 그뿐만 아니라 허름한 옷을 입고 소를 타고 다녔습니다.

초가: 볏짚·밀짚·갈대 등으로 지붕을 인 집
정승: 조선 때, 의정의 대신. 영의정·좌의정·우의정을 일컫던 말

어느 날, 맹사성이 고향 마을에 가게 되었습니다. 정승인 맹사성이 마을에 온다는 소식을 들은 고향 마을의 원님은 길을 깨끗이 청소하였습니다. 그런 다음에 맹사성이 오기 전까지 다른 사람들이 다니지 못하게 막으며 맹사성이 오기만을 기다렸습니다.

그때, 저쪽 길에서 시끌벅적한 소리가 들려왔습니다. 원님이 다가가 보니, 소를 탄 한 노인이 포졸과 실랑이를 벌이고 있었습니다. 번거로운 행차를 싫어하는 맹사성은 나이 어린 하인 한 명만 데리고 소를 타고 길을 나섰는데, 그 모양새가 영락없는 시골 노인이었습니다.

포졸: 군사

잔뜩 화가 난 포졸은 맹사성을 알아보지 못하고 고래고래 소리를 질렀습니다.

"감히 정승이 지나가시기도 전에 이 길을 지나가려고 하느냐?"

그러자 맹사성은 태연하게 말하였습니다.

"이것 보시오. 길은 사람이 다니라고 있는 것인데, 어찌하여 지나가지 못하게 하는 것이오?"

원님도 맹사성을 알아보지 못하고 큰 소리로 꾸짖었습니다.

원님: 고을의 원을 높여 이르던 말

"이 늙은이야, 정승이 오신다고 해서 잘 청소해 놓은 길이다. 네가 누군데 이 길을 먼저 지나가려고 하는 게냐?"

이 말을 들은 맹사성은 웃으며 원님에게 대답하였습니다.
"맹사성이 소를 타고 고향으로 가는 길이오."
그 말을 들은 원님과 포졸은 깜짝 놀라 얼굴을 붉히며 고개를 숙였습니다.

① 이 글의 등장 인물은 누구누구인가요?

② 맹사성이 마을에 온다는 소식에 고을 원님은 무엇을 하였나요?

③ 원님은 왜 맹사성이 오기만을 기다렸을까요?

④ 원님과 포졸이 소를 타고 길을 지나려는 맹사성에게 화를 낸 까닭은 무엇인가요?

⑤ 맹사성이 멋진 관복을 입고 있었다면 원님이나 포졸은 어떻게 행동 했을까요?

1 '허름한 모습만 보고 길을 막는 원님과 포졸'

번거로운 행차가 싫어 나이 어린 하인 한 명만 데리고 소를 타고 나섰는데, 허름한 모습만 보고 원님과 포졸이 길을 막는다.

🙂 맹사성이 되어 원님과 포졸을 타이르는 말을 적어 보세요.

....

....

....

2 '온다고 하던 정승은 안 오고 어떻게 된 거야.'

힘을 다하여 길을 청소하고 기다렸는데 온다고 하던 정승은 계속 오지 않고 웬 시골 노인네가 소를 타고 지나가려고 한다.

🙂 원님이 되어 이때의 기분이 어땠을지 적어 보세요.

....

....

....

1 등장인물의 말과 행동에서 본받을 점이나 깨달은 점을 적어 보세요.

(1) 맹사성의 말과 행동

- 자신에게 화를 낸 포졸과 원님에게 화를 내지 않고 태연하게 웃으며 대답하였습니다.
 "이것 보시오. 길은 사람이 다니라고 있는 것인데, 어찌하여 지나가지 못하게 하는 것이오."
- 나이 어린 하인 한 명만 데리고 소를 타고 길을 나섰습니다.
- 허름한 옷을 입고 소를 타고 다녔습니다.

😊 본받을 점이나 깨달은 점 :

(2) 포졸과 원님의 말과 행동

- "감히 정승이 지나가시기도 전에 이 길을 지나가려고 하느냐?"
- 원님은 길을 깨끗이 청소하고 맹사성이 오기 전까지 다른 사람들을 다니지 못하게 하였습니다.
- "이 늙은이야, 정승이 오신다고 해서 잘 청소해 놓은 길이다. 네가 누군데 이 길을 먼저 지나가려고 하는 게냐?"

😊 느낀 점이나 깨달은 점 :

2 사람의 겉모습만 보고 판단하여 친절하거나 불친절하게 행동한 경험이 있었나요? 그에 대해 생각을 써 보세요.

글숲 여행을 마치며

🔖 맹사성의 생활에서 본받을 점을 떠올리며 독후일기를 써 봅시다.

년   월   일   요일   날씨

로빈슨 크루소

1. 내가 만약, 아무도 없는 섬에 혼자 살게 되어서 3가지 물건만 가져갈 수 있다면 어떤 물건을 가져가고 싶은지 이유를 들어 적어 보세요.

순위	가져가고 싶은 물건	이 유
1		
2		
3		

2. 만일, 내가 하고 싶은 일을 부모님께서 반대하신다면 나는 어떻게 할지 예를 들어 적어 보세요.

  구연동화를 QR로 확인하세요.

주인공은 부모님의 바람과는 다른 삶을 선택했습니다. 그가 선택한 삶은 행복한 삶이었는지 생각하며 '로빈슨 크루소'를 읽어 봅시다.

로빈슨 크루소

나는 1632년 영국 요크에서 태어났다. 어머니는 영국의 명문가 출신으로 교양이 넘치는 분이었고, 아버지는 독일의 상인 출신으로 사업에 성공한 분이었다.

"로빈슨, 너는 커서 어떤 사람이 되고 싶니?"

아버지의 질문에 나는 망설이지 않고 대답했다.

"저는 세계의 바다를 항해하는 모험가가 되고 싶어요."

아버지는 무척 실망하는 눈치였다.

"너는 평범하게 사는 것이 얼마나 가치 있는 일인지 잘 모르는 것 같구나. 화려한 궁전에 살고 있는 왕도 백성들의 평범한 삶을 부러워한단다."

나는 아무 말도 하지 않았다. 결코 평범하게 살고 싶지 않았기 때문이다. 아버지는 달래도 보고 야단도 쳤지만 내 마음은 바뀌지 않았다.

결국, 나는 열아홉 살이 되던 해에 집을 나왔다. 그렇게 아버지의 축복도 없이 내 고달픈 모험이 시작되었다.

낯선 도시에 도착한 나는 친구를 사귀어 함께 런던을 향하는 배에 올랐다. 그런데 도중에 무시무시한 폭풍을 만나고 말았다.

폭풍: 몹시 세차게 부는 바람

'제대로 된 모험은 해 보지도 못하고 물에 빠져 죽는구나.'

가슴을 짓누르는 아쉬움과 심장이 멎을 것 같은 공포가 동시에 밀려왔다. 천만다행으로 마침 큰 배가 그곳을 지나가고 있어 우리는 기적적으로 구조될 수 있었다.
구조 : 재난을 당해 곤경에 빠진 사람을 구하여 줌

　타고 있던 배가 침몰하는 광경은 차마 볼 수가 없었다. 조금만 늦었어도
침몰 : 물에 빠져 잠김. 물속에 가라앉음
꼼짝없이 차디찬 바닷물에 빠져 죽었을지도 모른다고 생각하자 온몸에 소름이 돋았다.

　그길로 집에 돌아온 나는 한동안 배를 타지 않으리라 결심했다. 하지만 얼마 지나지 않아 아프리카로 가는 배에 몸을 실었다. 다행히 약간의 돈을 버는 행운을 잡았다. 하지만 우리 배가 터키 해적선에게 납치되어 해적 선
해적선 : 해적이 타고 다니는 배
장의 노예가 되었다.
노예 : 권리나 자유를 빼앗겨 자기 의사나 행동을 주장하지 못하고 남에게 부림을 받는 사람

　2년 후 어느 날, 보트를 타게 된 나는 흑인 노예 소년 셰리와 함께 목숨을 걸고 탈출하였다. 우리는 해적들이 쫓아올까 봐 쉬지 않고 노를 저었다. 그렇게 바다 위에서 여러 날이 흘렀다. 그러다 운 좋게 포르투갈 배에 구출되었다.

　브라질에 도착하자 너그러운 포르투갈 선장은 내가 도망칠 때 타고 온 보트를 후한 값에 사 주었고, 사탕수수 농장도 소개해 주었다. 처음에는 간신히 입에 풀칠할 정도였지만, 시간이 지나면서 농장의 규모는 점점 커졌고, 제법 많은 돈을 모을 수 있었다. 하지만 나는 조금도 행복하지 않았다. 나는 차츰 인내심에 한계를 느꼈고, 결국 농장에서 일할 노예를 찾아온다는 핑계를 대고 서둘러 브라질을 떠날 준비를 했다.

　"부디 몸조심하게, 로빈슨."

　"선장님, 금방 다녀오겠습니다. 농장을 잘 부탁합니다."

　나는 친구에게 농장을 맡기고, 목숨을 구해 준 포르투갈 선장에게 재산 관리를 모두 위임했다. 그러고 나서 아프리카 기니로 향하는 배에 올랐다.

　처음에는 항해가 순탄하였지만 이내 무시무시한 폭풍이 앞을 막아섰다. 결국 배는 방향을 잃고 낯선 곳으로 흘러들어 좌초되고 말았다. 나는 필사적으로 구명보트에 몸을 맡겼다. 파도는 사나웠지만 살 수 있다는 희망을 버리지 않았다.

그때였다. 집채만 한 파도가 구명보트를 집어삼켰다. 산 채로 바다에 가라앉고 말 거라는 공포가 밀려왔다.

"푸푸, 읍."

가까스로 물 밖으로 고개를 내밀면 기다렸다는 듯이 파도가 다시 덮쳤다. 하지만 다행히 내 몸은 조금씩 해안으로 떠밀리기 시작했다. 있는 힘을 다해 팔을 저었고, 간신히 해안가로 기어오를 수 있었다.

백사장에 엎드려 숨을 헐떡이며 나는 진심으로 하느님께 감사하였다. 개 한 마리와 고양이 두 마리가 간신히 목숨을 건졌을 뿐, 살아남은 선원은 아무도 없었다.

선원 : 선박의 승무원. 뱃사람

"누구 없어요? 누가 살아 있다면 대답 좀 해요!"

배에서 떠내려 온 것은 아무것도 없었다. 맥이 풀린 나는 맹수의 공격을 피하기 위해 근처의 나무로 기어 올라가 폭풍이 지나가기를 기다렸다.

맑게 갠 다음날 아침, 배의 잔해를 발견하였다. 혹시나 먹을 것이 있을까

잔해 : 부서지거나 못 쓰게 되어 남은 물체

싶어서 배까지 헤엄쳐 갔다. 나는 통나무를 엮어 뗏목을 만든 다음, 실을 수 있는 것들을 몽땅 실어 날랐다. 빵이며 쌀 등 먹을 것과 총과 탄약, 화약을 두 통이나 챙길 수 있었다. 그렇게 열한 번쯤 왕복했을까, 12일째 되

왕복 : 갔다가 돌아옴

던 날에 다시 태풍이 불어 닥쳐 배는 자취를 감추었다.

"이렇게 지내다가는 시간과 날짜 가는 것도 모르겠군."

나는 처음 도착했던 해변에 큰 기둥을 끌어다 놓고, 도착한 날짜를 칼로 새겼다. 1659년 9월 30일. 그리고 매일 한 줄씩 긋기 시작했다.

그 작업이 끝난 뒤에는 섬을 찬찬히 둘러보았다. 높은 언덕 꼭대기에 올라서자 모든 것이 확실해졌다. 사방이 바다로 둘러싸여 있을 뿐, 주위에 다른 땅이라고는 눈을 씻고 찾아봐도 보이지 않았다.

살 곳을 찾아야 했다. 뜨거운 햇볕과 맹수의 위협을 피할 수 있는 동시에

맹수 : 사나운 짐승

근처에 마실 수 있는 깨끗한 물이 있는 곳이 필요했다. 마침내 가파른 돌산 가운데 좁은 평지를 찾아내 집을 지었다. 땅 위에 반원을 그리고, 그 위에

튼튼한 기둥을 두 줄로 세워 든든한 울타리로 삼았다. 비를 막기 위해 돛으로 만든 천막까지 쳤다. 부족한 공구로 일을 하자니 좀처럼 진도가 나가지 않고 짜증도 났다. 거의 1년 가까이 지나 드디어 공사가 끝나고, 나는 그곳을 '성'이라고 부르기로 했다.

돛 : 바람의 힘으로 배를 움직이기 위하여, 배 위에 세운 기둥에 높게 매달아 펼친 천
공구 : 물건을 만들거나 고치는 데에 쓰는 기구나 도구

나는 틈틈이 성경을 읽거나 가구를 만들며, 보다 의미 있는 삶을 살려고 노력했다. 잉크가 남아있는 한 일기 쓰는 것도 멈추지 않았다.
잉크 : 글씨를 쓰거나 인쇄하는데 쓰는 빛깔 있는 액체

하루하루가 다람쥐 쳇바퀴 도는 일상이었다. 매일 아침마다 사냥을 나갔고 나머지 시간에는 일을 했다. 배에서 쌀과 보리의 씨앗을 구했는데 놀랍게도 싹이 나 있었다. 그것들을 가져다 옮겨 심었더니 수확을 할 수 있었다. 접시며 그릇이며 항아리까지 모두 흙으로 만들어 사용하였다. 좀 더 시간이 흐른 뒤에는 화덕까지 만들어 빵도 구울 수 있었다. 그렇게 몇 년이
화덕 : 숯불을 피워 놓고 쓰게 만든 큰 화로
지나자 무인도 생활에 차차 적응할 수 있게 되었다.

섬에서 지낸 지 4년째 되는 해에 제법 큰 카누도 만들었다. 하지만 카누가 해류에 휩쓸려 나가는 바람에 다시 육지로 떠밀려 올 때까지 한참을 기
해류 : 일정한 방향과 속도로 이동하는 바닷물의 흐름
다려야 했다.

앵무새 폴에게 말을 가르친 덕분에 폴은 제법 사람 흉내를 낼 줄 알았다. 외로운 섬 생활에서 폴은 나의 말동무가 되어주었다.

덫을 놓아 야생 염소를 잡아들여 가축처럼 기르기도 하였다. 그 덕분에
덫 : 짐승을 꾀어 잡는 기구의 한 가지
고기나 우유를 언제든지 먹을 수 있을 뿐만 아니라 치즈와 버터도 넉넉하게 만들 수 있게 되었다.

이제 더 이상 간절히 탈출을 꿈꾸지는 않았다. 더 이상 돈에 연연할 필요
탈출 : 제한된 환경이나 구속 등에서 빠져나옴
도 없었다. 먹을 게 충분했고, 원하는 것은 무엇이든 얻을 수 있었다.

섬에 들어온 지 18년째 되는 어느 날 아침이었다. 카누를 타러 해변에 나갔다가 모래 위에 선명하게 찍힌 사람 발자국을 보았다. 깜짝 놀라 그 자리에 얼어붙고 말았다. 언덕 꼭대기에 올라가 사방을 살폈지만 아무도 보이지 않았다. 하는 수 없이 성으로 돌아왔지만 섬뜩함이 좀처럼 가시지 않았다.

'이곳에 사람이 들어온 걸까? 아니면 혹시 식인종? 설마 나를 잡아먹으려고 온 것은 아니겠지?'

불길한 생각이 꼬리에 꼬리를 물었고, 겁에 질려 성 밖으로 단 한 발자국도 나갈 수 없었다.

시간이 좀 흐르자 두려움이 어느 정도 가시고, 섬을 다시 살펴봐야겠다는 배짱이 생겼다. 어쩌면 그것은 내 발자국일 수도 있었기 때문이다.

"그래, 섬의 끝자락을 탐험해 보자."

도착한 곳에는 사람의 해골이 수북이 쌓여 있었다. 큰 모닥불을 피운 흔적도 발견되었다. 식인종들이 축제를 벌인 흔적이 틀림없었다.

식인종 : 사람을 잡아먹는 풍습이 있는 미개 인종

나는 너무 두려운 나머지 성 주위에 또 다른 방어 시설을 쌓았다. 언제든 사격을 할 수 있도록 총을 군데군데 배치하고, 울타리 바깥쪽으로 굵은 나무도 심었다. 나는 밤낮없이 식인종들의 피비린내 나는 축제를 막을 궁리를 하였다.

섬에서 23년을 보낸 어느 날 아침, 해변에서 불빛이 비치는 것을 보았다. 나는 두려움에 사로잡힌 채, 땅에 납작 엎드려 망원경으로 그들을 살폈다. 족히 서른 명은 되어 보였다. 그들이 데려온 포로는 두 명이었다. 놈들은 그중 한 명을 모닥불 옆 바닥에 쓰러뜨리더니 그 즉시 제물로 삼았다. 그 모습을 보고 다른 한 명은 해변으로 도망치기 시작했다.

포로는 나를 향해 곧장 뛰어왔다. 식인종 두 명이 뒤를 쫓았지만 포로가 훨씬 빨랐다. 나는 그 포로를 구하기로 결심했다. 사정거리 안으로 들어왔을 때, 포로의 뒤를 쫓는 식인종을 조준하고 방아쇠를 당겼다. 식인종은 그 자리에서 고꾸라졌다.

방아쇠 : 소총, 권총 등에서 총알을 발사하는 장치
조준 : 발사하는 탄환이 목표에 명중하도록 총이나 포 따위를 겨냥함

"이제 안심해요. 당신은 살았어요."

나는 가까이 다가온 포로를 안심시키기 위해 미소를 지어 보였다. 포로는 잠시 주저하더니 내 앞에 무릎을 꿇고 엎드려 땅에 입을 맞추었다. 감사의 표시였다. 가까이서 보니 무척 잘생긴 청년이었다.

청년을 성으로 데려와 먹을 것을 주었다. 청년은 허겁지겁 밥을 먹더니 이내 잠이 들었다.

"네 이름은 프라이데이야. 너를 구한 날이 금요일이거든."

다음날 아침, 나는 프라이데이에게 영어를 가르치기 시작했다. 프라이데이는 내 말을 곧잘 따라 하고 일도 열심히 배웠다. 나는 새로운 친구가 생겨서 무척 기뻤다.

나는 프라이데이에게 하느님에 대해서도 가르쳐 주고, 좋은 신자가 될 수 있도록 도움을 주었다. 우리는 그렇게 3년을 함께 생활하였다. 프라이데이는 우리가 살고 있는 섬이 남아메리카 북부의 오리노코 강 입구에 있으며, 근처에 트리니다드라는 큰 섬이 있다고 알려주었다.

섬에 들어온 지 27년째 되던 날, 식인종들이 다시 두 명의 포로를 데리고 나타났다. 식인종의 숫자는 저번보다 훨씬 더 많았다. 프라이데이와 나는 소총을 한 자루씩 들고 식인종을 향해 쏘아 댔다. 총알을 피한 놈들은 걸음아 날 살려라, 카누를 타고 도망쳤다. 나는 서둘러 묶여 있는 백인 포로를 풀어 주었다. 그 남자는 스페인 사람이었다.

카누 : 나무껍질·짐승 가죽·갈대·통나무 등으로 만든, 좁고 긴 작은 배

"아아!"

갑자기 프라이데이가 나머지 포로 한 명을 붙들고 통곡하며 입을 맞추었다. 그 남자는 바로 프라이데이의 아버지였던 것이다.

우리는 더 이상 식인종을 두려워하지 않았다. 그들이 다시 온다 해도, 우리에겐 총이 있었기 때문이다.

그러던 어느 날, 프라이데이가 허겁지겁 달려왔다.

"낯선 배가 나타났어요. 식인종은 아니에요."

"어서 가 보자."

해안가로 달려가 보니 정말로 배 한 척이 정박되어 있었다. 뭔가 수상쩍어 가까이 가지 않고 멀리 떨어져서 지켜보았다. 여덟 명이 탄 조그만 배는 해안가에 세 사람만 남겨 놓고, 이내 노를 저어 사라졌다. 나는 버려진 세 사람에게 다가가 반갑게 맞아 주었다.

정박 : 배가 닻을 내리고 머무름

"걱정하지 마시오. 나는 당신들을 해치지 않소."

7. 로빈슨 크루소

그들은 잠시 어리둥절해 하는 것 같더니 이내 정신을 차렸다. 그들은 선장과 선원, 그리고 승객이었다. 선원들이 반란을 일으켜 무인도에 버리고 달아난 것이다.

반란 : 정부나 지배자에 대항하여 내란을 일으킴

　　프라이데이와 나는 교묘한 속임수로 선원들의 반란을 진압하였다. 선원들은 모두 무기를 내려놓고 항복하였다. 선장은 다시 배를 되찾을 수 있었고 나를 데려가 주었다.

항복 : 싸움에서 자신이 진 것을 상대에게 인정하고 굴복함

　　나는 이 섬에 온 지 28년 만에 드디어 섬을 떠나게 되었다. 1687년 6월 11일, 그리운 영국에 도착하였지만 가족들은 모두 이 세상 사람이 아니었다. 유산으로 남겨진 돈이 조금 있었지만, 영국에 정착하기에는 턱없이 부족했다.

정착 : 일정한 곳에 자리를 잡아 머물러 삶

　　나는 프라이데이와 함께 다시 브라질로 향했다. 옛 친구들과 포르투갈 선장이 사탕수수 농장을 잘 돌보고 있었다. 나는 사탕수수 농장을 팔아 큰 돈을 챙겼고, 영국으로 돌아와 정착하였다. 하지만 몇 해가 지나자 다시 바다가 그리워졌다. 나는 새로운 모험을 떠날 준비를 하기 시작했다.

사탕수수 : 열대·아열대에서 많이 재배함. 높이는 2~4m이고, 대체로 수수와 같은데 마디 사이가 짧음. 사탕의 원료임

글숲 여행 되돌아보기

1 로빈슨 크루소의 아버지는 아들이 어떤 삶을 살기를 바랐으며, 로빈슨 크루소는 어떤 사람이 되고 싶어 했나요?

(1) 아버지의 소망 :

(2) 아들의 소망 :

2 로빈슨 크루소는 열아홉 살에 모험을 하러 집을 떠났어요. 그가 몇 년간 무인도 생활을 하다 다시 집으로 돌아왔을 때는 대략 몇 살 쯤으로 추측됩니까?

가. 무인도에서 머문 기간 :

나. 집으로 돌아왔을 때의 나이 :

3 무인도에서 혼자 살게 된 로빈슨 크루소는 살아남기 위해 여러 가지 일을 하였어요. 그가 한 일 중 가장 인상 깊었던 것을 3가지 이상 써 보세요.

7. 로빈슨 크루소

1. '모험을 떠나게 해달라고 애원하는 로빈슨 크루소'

> "아버지, 전 세계의 바다를 항해하는 모험가가 되고 싶어요. 모험을 떠나게 허락해 주세요."

로빈슨 크루소가 되어 아버지께 자신의 생각을 말씀드리는 글을 적어 보세요. 타당한 이유도 같이 적어 보세요.

....

....

....

2. '무인도에서 살아남기 프로젝트!'

> 아무것도 없는 무인도에 혼자 밖에 없다는 사실이 기가 막힌 로빈슨 크루소! 그러나 자신이 택한 모험이니 어떻게든 살아 돌아가야지요.

순위	필요한 것	준비 방법
1		
2		
3		
4		

1 로빈슨이 원한 모험적인 삶과 그의 아버지가 원한 평범한 삶, 두 개 중 나라면 어떤 삶에 가치를 두겠습니까? 나의 생각을 써 보고 친구들과 이야기해 보세요.

2 로빈슨 크루소는 무인도에 갇혀 28년의 세월을 혼자 살았어요. 만일, 내가 그런 처지가 되었다면 어떻게 지냈을까 상상하여 적어 봅시다.

글숲 여행을 마치며

내가 새로운 일에 용기를 가지고 도전했을 때 좋은 결과를 얻은 경험이 있으면 적어 보세요. 또 내가 새롭게 도전해 보고 싶은 일이 있으면 무엇인지 적어 보세요.

오늘이

1. 한 번도 가보지 않은 친구의 집은 어떻게 찾아갈까요?

2. 낯선 길을 찾아갈 때 도움을 줄 수 있는 것에는 무엇이 있을까요?

3. 읽은 책 중에서 선녀가 나오는 책 제목을 생각나는 대로 적어 보세요.

구연동화를
QR로 확인하세요.

남을 배려하는 것이 어떤 것인가를 생각하며 '오늘이'를 소리 내어 읽어 봅시다.

오늘이

옛날 아득히 먼 옛날, 강림들에 여자 아이가 혼자 살았어요.

강림 : 신이 인간 세계에 내려옴

"네 이름이 뭐냐?"

이웃 사람이 물으면,

"몰라요, 없어요."

"부모님은 어디 계시냐?"

물어도,

"몰라요, 없어요."

할 뿐이에요.

"혼자서 어떻게 살아왔단 말이니?"

물으니까,

"어디선가 학이 날아와 저를 돌봐 주었어요. 한쪽 날개로 깔아 주고, 한쪽 날개로 덮어 주었지요."

하였어요.

"지금 몇 살이니?"

물으니까 그것도 모른대요.

"태어난 날을 모르니 오늘을 네가 태어난 날로 하자꾸나. 이름도 모르니 이제부터 오늘이라고 부르자."

어느 날 오늘이는 부모님을 찾고 싶어서 마을의 백씨 부인을 찾아갔지요. 세상을 오래오래 살았으니 무엇이나 알 것 같았거든요.

"부모님이 보고 싶어요. 우리 부모님은 지금 어디에 계실까요?"

"네 부모님은 지금 원천강에 살고 계신단다."

오늘이는 뛸 듯이 기뻐서 다시 물었지요.

"원천강을 가려면 어디로 가야 하나요?"

"원천강 가는 길은 멀고 험하단다."

"부모님이 계신 곳이라면 어디라도 가겠어요. 제발 가르쳐 주세요."

"저 길을 따라가면 외딴 집에 글을 읽고 있는 장상 도령이 있을 거야. 글을 많이 읽어 모르는 게 없으니 원천강 가는 길을 가르쳐 줄 거다."

외딴집 : 홀로 따로 떨어져 있는 집

타박타박 가다 보니 외딴집이 나왔어요. 안에서 할머니 말처럼 중얼중얼 책 읽는 소리가 들렸지요.

"저어, 저는 부모님을 찾아 원천강에 가려는데 어느 길로 가야 할까요?"

"길을 알려 드릴 테니 제 부탁을 들어주실래요?"

"무슨 부탁인데요?"

"저는 옥황상제의 명으로 여기 앉아서 글만 읽고 있어요. 왜 밤낮으로 글만 읽어야 하는지, 왜 집 밖으로 나가서는 안 되는지 모르겠어요. 원천강은 세상 모든 이치를 알 수 있는 곳이라고 하니 꼭 좀 알아다 주세요."

이치 : 사물의 정당한 조리. 또는 도리에 맞는 취지

오늘이가 그러겠다고 약속을 하자 장상 도령은 기뻐하며 말해 주었어요.

"골짜기를 돌아가면 연못이 나오고, 연꽃이 한 송이만 열린 꽃나무가 있지요. 그 꽃나무에게 물으면 알려 줄 거예요."

구불구불 골짜기를 돌아가니 연못이 나왔어요. 연못 속에 장상 도령 말대로 한 그루 연꽃나무가 서 있었어요.

"저어, 저는 부모님을 찾아 원천강에 가려는데 어느 길로 가야 할까요?"

"길을 알려드릴 테니 제 부탁도 들어주실래요?"

"무슨 부탁인데요?"

"저는 겨울에 뿌리 속에서 움이 드는데, 그 움이 정월에는 몸속에 들었다가 2월이 되면 가지로 옮겨 가고 3월에 꽃이 핀답니다. 그런데 이상하게도 맨 윗가지에만 꽃이 피고 다른 가지에는 꽃이 피지 않아요. 원천강

움 : 초목의 어린 싹

에 가거든 왜 그런지 꼭 좀 알아다 주세요."

오늘이가 그러겠다고 약속하자 연꽃나무는 푸르르 꽃잎을 떨면서 말해 주었어요.

"저 산을 넘어가면 푸른 바다가 나오고 용이 못 된 이무기가 있지요. 그 이무기에게 물으면 알려 줄 거예요."

굽이굽이 산을 넘어가니 바다가 나왔어요.

바닷속에 연꽃나무의 말대로 커다란 이무기가 꿈틀거리고 있었어요.

"저어, 저는 부모님을 찾아 원천강에 가려는데 어느 길로 가야 할까요?"

"길을 알려 줄 테니 내 부탁을 들어줄래?"

"제가 할 수만 있다면 들어주고말고요."

"다른 이무기들은 여의주를 하나만 물어도 용이 되거든. 그런데 나는 여의주를 세 개나 물었는데도 용이 되지 못했어. 원천강에 가거든 왜 그런지 알아다 주렴."

이무기 : 용이 되려다 못 되고, 물속에 산다는 큰 구렁이(천 년을 더 기다려야 용이 될 기회를 얻는다 함.)

오늘이가 그러겠다고 약속하자 이무기는 등에다 오늘이를 태우고 바다를 건넜어요.

"이 길을 따라가면 외딴집이 나올 거야. 그 집에 글을 읽고 있는 매일이라는 소녀한테 물어보면 알려 줄 거야."

오늘이는 고맙다는 인사를 하고는 길을 떠났지요.

터벅터벅 가다 보니 처음 보는 나무와 꽃이 가득한 집 한 채가 나왔어요.

안에서 이무기 말대로 종알종알 글 읽는 소리가 들렸어요.

"저어, 저는 부모님을 찾아 원천강으로 가는 길이에요."

그러자 매일이는 화들짝 놀라 말했어요.

"이 곳은 인간 세상에서 아주 먼 곳인데, 어떻게 오셨어요?"

"원천강에 가는 길을 아시나요?"

"알고말고요. 그런데 제 부탁을 좀 들어주실래요?"

"제가 할 수만 있다면 들어주고말고요."

"원천강에 가시면 왜 저는 항상 글만 읽고 있어야 하는지 그 까닭을 좀 알아봐 주세요."

오늘이는 꼭 그러겠다고 약속을 했지요.

"이 풀과 나무 사이를 걷다 보면 샘 하나가 나오고, 그 곁에 선녀들이 앉아 울고 있을 거예요. 선녀들에게 물어보면 곧 찾을 수 있을 거예요."

사뿐사뿐 나무 사이를 지나가니 샘 하나가 나왔어요.

그 곁에 매일이 말처럼 선녀 셋이 앉아 울고 있었어요.

"선녀님들, 왜 울고 계세요?"

"우리는 죄를 짓고 하늘나라에서 쫓겨났어요. 이 샘에서 물을 다 퍼내야 다시 돌아갈 수 있는데, 바가지에 구멍이 뚫려서 물을 퍼낼 수가 없지 뭐예요."

오늘이는 끈끈한 풀을 베어 으깨서 바가지에 난 구멍을 메꾼 다음 송진으로 가장자리를 발랐어요. 그랬더니 물이 한 방울도 새지 않고 찰랑찰랑 담겨서 선녀들은 물을 다 퍼낼 수 있었어요.

송진 : 소나무나 잣나무에서 나는 끈끈한 액체

그제서야 오늘이는 원천강 가는 길을 물었지요.

선녀들은 오늘이를 안고 날아가 원천강까지 데려다 주었어요.

원천강은 높은 담으로 둘러싸여 있었어요.

"누구 없어요? 문 좀 열어 주세요."

오늘이는 커다란 문을 쾅쾅 두드렸지요.

"누가 문을 두드리는 거냐?"

문을 열고 나온 것은 험상궂게 생긴 문지기였어요.

문지기 : 문을 지키는 사람

"저는 부모님을 찾아왔어요. 제발 문 좀 열어 주세요."

"여기는 산 사람은 들어갈 수 없단다. 그만 돌아가거라."

"돌아가라니요? 산을 넘고 물을 건너 여기까지 왔는데 부모님을 뵙지도 못하고 그냥 가라니요? 제발 들어가게 해주세요."

문지기가 문을 쾅 닫고 들어가 버리자 오늘이는 울음을 터뜨리고 말았어요. 울음소리가 어찌나 컸던지 성 안에서도 다 들릴 정도였어요.
　마침내 원천강의 왕과 선녀도 그 소리를 듣고 물었지요.
　"무슨 울음소리냐?"
　"웬 여자 아이가 부모님을 찾아왔답니다."
　"들여보내라. 어떤 사연인지 들어 보자."
　"삐그덕."
　오늘이는 열린 문 사이로 들어갔어요. 그랬더니 따뜻한 봄바람이 살랑 불고 파릇한 새싹이 돋아 있었어요.
　조금 가다가 또 문 하나를 열고 들어갔더니, 그 안은 뜨거운 햇살 아래 온갖 곡식과 채소가 무성한 여름이었어요.
　조금 가다가 또 한 문으로 들어갔더니, 그 안은 온갖 열매와 벼가 익어 가는 가을이었어요.
　마지막으로 찬바람이 쌩쌩 불고 흰눈이 덮인 겨울의 문을 지나니, 높다란 마루 위에 두 사람이 앉아 있었어요.
　"여기는 인간 세상에 봄, 여름, 가을, 겨울, 사계절을 보내주는 원천강이란다. 우리는 그 일을 맡고 있는 하늘나라 왕과 선녀들이지. 너는 이렇게 먼 곳까지 무슨 일로 왔느냐?"
　"부모님을 찾아왔습니다."
하고는 지금까지의 이야기를 다 들려주었지요. 다 듣고 난 왕과 선녀는 오늘이를 와락 끌어안으며 말했어요.
　"우리가 바로 네 부모란다. 원천강을 지키라는 옥황상제의 명을 받고 할 수 없이 너를 두고 왔던 거란다."

옥황상제: 하늘에 살면서 인간을 비롯하여 살아있는 모든 생물의 운명을 주재하는 신

　오늘이는 보고 싶던 부모님 품속에서 꿈같은 나날을 보냈어요. 그러다가 그곳까지 오는 데 도움을 준 이들의 부탁을 잊지 않고 모두 부모님께 물었지요. 오늘이는 부모님이 알려 주신 대답을 안고 다시 인간 세상으로 떠났어요.
　오늘이는 가장 먼저 매일이를 찾아갔지요.

"매일이 아가씨는 원래 하늘나라 선녀였대요. 그런데 게으름을 피워서 하루 종일 글만 읽어야 하는 벌을 받았대요. 글만 읽는 도련님과 결혼하면 그 벌이 풀린다니 저를 따라 오세요."

타박타박, 매일이와 오늘이는 장상 도령을 찾아갔어요.

도령 : 총각을 대접하여 일컫는 말

출렁출렁 바닷가에 오니까, 꿈틀꿈틀 이무기가 오늘이를 기다리고 있었어요.

"여의주를 하나만 물어야 하는데, 세 개나 물고 있으니 용이 못 된 거예요. 두 개는 뱉어서 처음 만난 사람에게 주면 용이 될 수 있을 거예요."

이무기는 허둥지둥 여의주 두 개를 뱉어 오늘이에게 주었어요. 그러자 뭉게뭉게 구름이 일더니 이무기는 커다란 용이 되어 하늘로 올라갔지요.

타박타박, 오늘이와 매일이는 연꽃나무를 찾아갔어요.

"연꽃나무님, 처음 만나는 이에게 맨 윗가지에 있는 연꽃을 꺾어 주면 다른 가지에도 꽃이 활짝 필 거예요."

연꽃 : 연꽃과의 여러해살이 물풀

연꽃나무는 윗가지의 꽃을 똑 따서는 오늘이에게 주었어요. 그러자 연꽃나무 가지가지마다 연꽃이 활짝 피어났지요.

타박타박, 드디어 오늘이와 매일이는 장상 도령의 집에 다다랐어요.

"여기 매일이 아가씨와 결혼하면 더 이상 글을 읽지 않아도 될 거예요."

매일이와 장상 도령은 첫눈에 서로 좋아서 결혼했지요.

타박타박, 오늘이는 마지막으로 할머니를 찾아갔어요.

"할머니 덕분에 부모님을 찾았어요."

덕분 : 베풀어 준 은혜나 도움

오늘이는 이무기한테서 받은 여의주 하나를 할머니에게 드렸어요.

오늘이는 어떻게 되었냐고요?

오늘이는 여의주와 연꽃을 들고 가여운 사람들을 찾아다니며 돌봐 주다가, 하늘나라의 선녀가 되어 원천강에서 부모님과 함께 살게 되었어요.

옥황상제가 오늘이의 착한 마음씨를 기특하게 여겨서 준 선물이지요.

오늘이는 지금도 해마다 봄, 여름, 가을, 겨울을 우리에게 차례로 보내 주고 있답니다.

1 오늘이라는 이름을 갖게 된 이유는 무엇인가요?

2 오늘이는 왜 원천강을 찾아 가려고 하였나요?

3 오늘이가 원천강까지 부모님을 찾아가는 과정에서 만난 것들을 차례대로 보기에서 찾아 기호를 적어 보세요.

― 보 기 ―
(가) 장상도령 (나) 연꽃나무 (다) 문지기 (라) 이무기 (마) 선녀

백씨 부인→ (1) ☐ → (2) ☐ → (3) ☐ →

매일이→ (4) ☐ → (5) ☐ → 부모님

4 오늘이의 부모님은 왜 오늘이와 헤어져 살아야만 하였나요?

5 오늘이는 부모님을 찾는 데 도움을 준 이들의 부탁을 어떻게 들어 주었는지 바르게 연결해 보세요.

(1) 매일이   •   • (가) 여의주를 1개만 물어라.
(2) 이무기   •   • (나) 맨 윗가지에 있는 연꽃을 꺾어주어라.
(3) 연꽃나무   •   • (다) 여의주를 주었다.
(4) 장상 도령   •   • (라) 장상 도령과 결혼해라.
(5) 백씨 부인   •   • (마) 매일이와 결혼해라.

1. '부모님을 만난 오늘이'

> 고아인줄 알았던 오늘이가 원천강에 부모님이 계신다는 백씨 부인의 말을 믿고 길을 떠났어요. 그리고 드디어 주위의 많은 도움을 받아 부모님을 만나게 되었어요.

😊 오늘이가 되어 처음 만난 부모님께 하고 싶은 말을 적어 보세요.

....
....
....

2. '옥황상제의 칭찬'

> 부모님을 만나러 오는 동안에 도움을 주었던 이들에게 잊지 않고 은혜를 갚는 오늘이에게 옥황상제께서 칭찬과 함께 많은 선물을 주셨어요.

😊 옥황상제가 되어 오늘이에게 칭찬하는 말을 적어 보세요.

....
....
....

1 나에게 부모님이 계시지 않았다면 어떻게 살아가고 있을까요?

2 우리 주위에서 나를 도와주시는 분들을 생각나는 대로 적어 보세요.

3 나에게 도움을 주신 분들의 은혜에 보답하는 방법을 적어 보세요.

4 오늘이의 행동에서 내가 본받아야 할 점은 무엇인가요?

글숲 여행을 마치며

1 '오늘이'를 읽고 정리한 내용을 바탕으로 독서 감상문을 써 보세요.

(1) 제목 :

◆ 읽은 날짜 :   년   월   일

◆ 읽은 내용 및 느낀 점

2 신문기자가 되어 '부모님을 만난 오늘이'라는 기사를 써 보세요.

(1) 제목 :

(2) 부모님과 만나는 장면 그림

(3) 기사(누가, 언제, 어디서, 무엇을, 어떻게, 왜 하였는지 6하원칙에 유의하여 써 보세요.)

_____

_____

_____

손톱 깨물기

1 학교생활에서 부끄럽거나 창피하다고 느꼈던 경험을 적어 보세요.

2 야단을 맞거나 분위기가 어색할 때 나도 모르게 하는 행동에는 어떤 것들이 있나요?

3 나에게 어떤 습관이 있는지 적어 보세요.

4 나의 습관이 생기게 된 원인을 적어 보세요.

  구연동화를 QR로 확인하세요.

일이 일어난 까닭이 무엇인지 생각하며 '손톱 깨물기'를 소리 내어 읽어 봅시다.

손톱 깨물기

지원이는 젓가락을 들고 한참 망설이다 그냥 내려놓습니다.
"누나! 이거 안 먹을 거야? 그럼 내가 다 먹는다."
병관이는 얼른 소시지를 집어 먹습니다.
"웬일이니? 그렇게 좋아하는 소시지를 안 먹고……."
엄마는 이상하다는 듯이 지원이에게 물으셨습니다.
"엄마, 내가 정말 뚱뚱해?"
"누가 우리 딸한테 그런다니? 다 크려고 그러는 거야. 걱정 말고 학교 다녀와라."
엄마는 지원이를 다독이며 말씀하셨습니다.

다독이다 : 아기를 재우거나 달래거나 귀여워할 때 몸을 가만가만 두드리다

점심 급식 시간입니다.
반찬으로 지원이가 좋아하는 돈가스가 나왔습니다.
"지원아, 돈가스 먹으면 살찐대."
지원이가 맛있게 돈가스를 한 입 베어 먹자, 짝꿍 한결이가 놀립니다.
"상관하지 마."
그만 밥맛이 싹 달아나 버렸습니다.
지원이는 그대로 일어나 식판을 갖다 놓았습니다.

식판 : 밥, 국, 반찬을 담을 수 있도록 우묵하게 칸을 나누어 만든 식기

돌아서는 지원이를 선생님이 부르십니다.
"음식을 이렇게 남기면 어떡하니. 이것저것 가리지 말고 다 먹어야지."
선생님의 꾸지람을 듣자 눈물이 나오려고 합니다.
지원이는 고개를 푹 숙이고 손톱을 깨물었습니다.

지원이의 손톱 깨물기 버릇은 이렇게 시작됐습니다.

버릇 : 오랫동안 자꾸 반복하여 몸에 익어 버린 행동, 습관

그러던 어느 날, 지원이는 소파에 앉아서 텔레비전을 보고 있었습니다.

"지원아, 이리 와서 손 내밀어 봐."

손톱을 깨물고 있는 지원이를 보고 엄마가 야단을 치십니다.

야단 : 소리를 높여 마구 꾸짖는 일

"얘가 무슨 일이래. 손톱이 이게 뭐니? 쥐가 갉아먹은 것 같다."

"엄마, 나도 모르게 자꾸 깨물게 돼요."

"안 되겠다. 반창고 가져와라."

엄마는 지원이가 손톱을 깨물 수 없게 손가락 끝을 반창고로 감아 주셨습니다.

"지원아, 너 손가락 다쳤니?"

이튿날, 학교 가는 길에 송이가 물었습니다.

"아니."

"우리 누나 손톱 깨물어서 엄마가 붙여 준 거야."

옆에 가던 병관이가 또 말참견을 합니다.

"너 정말 저리 안 가."

지원이는 병관이에게 신경질을 냈습니다.

손가락에 감은 반창고가 갑갑하기도 했지만 반 친구들이 놀릴까 봐 걱정됐습니다.

지원이는 교실에 들어가기 전에 반창고를 풀어서 버렸습니다.

수학 시간입니다.

어느새 지원이 손가락이 입에 가 있습니다.

"퉤!"

지원이는 손톱을 물어뜯어 내뱉다 말고 깜짝 놀랍니다.

자신도 모르게 손톱을 깨물었다는 사실을 안 것이지요.

학교에서 돌아온 지원이를 엄마가 부르십니다.

"어디 보자. 오늘은 손톱 안 깨물었나."

"엄마, 손가락이 너무 불편하고 신경 쓰여서 공부를 할 수 없어요. 약속할게요. 이제부터 손톱 안 깨물 테니까 반창고 붙이지 마세요."
"그래, 그럼 대신 빨간약 바르고 일주일 뒤에 엄마가 검사할 거다."
지원이는 그날부터 알아서 손톱에 빨간약을 발랐습니다.
그리고 손톱을 깨물지 않으려고 노력했습니다.
일주일이 지났습니다.
"어디 보자. 손톱 검사하자."
지원이는 머뭇거리며 손을 내밀었습니다.
손톱은 겨우 깎을 수 있을 정도만 남아 있습니다.
"그래, 나쁜 버릇이 하루아침에 고쳐지지는 않지."
엄마는 지원이를 혼내지 않고 오히려 칭찬해 주셨습니다.
"일주일 뒤에 다시 검사해서 그때까지 손톱을 잘 기르면 지원이가 갖고 싶은 것 한 가지 선물해 줄게."

"엄마, 나 48색 색연필 사 주세요. 지금 갖고 있는 건 색깔이 너무 적어요."
엄마 말씀에 지원이는 마음이 들떠서 말했습니다.
"그래, 대신 손톱 깎을 수 있게 잘 기르기다. 약속!"
엄마와 지원이는 손가락을 걸고 약속을 했습니다.
문밖에서 지켜보던 병관이는 은근히 샘이 났습니다.

샘 : 남의 일이나 물건을 탐내거나, 자기보다 나은 처지에 있는 사람을 미워함. 또는 그 마음. 시기. 질투

누나가 혼날 줄 알았는데 오히려 칭찬을 받고 게다가 엄마가 선물도 사 준다고 하시니까요.
병관이는 생각했습니다.
'나도 손톱을 깨물면 엄마가 선물을 사 준다고 하시겠지? 새로 나온 블록을 사 달라고 해야지.'
병관이는 지원이처럼 손톱을 깨물어 봤습니다.
병관이의 손톱 깨물기 버릇은 이렇게 시작됐습니다.
이튿날 저녁, 병관이는 텔레비전을 보면서 손톱을 깨물었습니다.
갑자기 엄마가 병관이 손을 찰싹 때리십니다.
"얘가 무슨 짓이야! 어디 따라할 게 없어서……. 손들고 서 있어!"
엄마는 심하게 야단을 치십니다.
"누나는 반창고도 붙여 주고, 선물도 사 준다면서……."
병관이는 울먹입니다.
"그래, 그게 샘나서 나쁜 버릇을 따라 해? 잔소리 말고 저기 가서 손들고 있어."
병관이는 너무나 억울해서 와락 울음을 터뜨렸습니다.
"병관아, 그만 손 내리고 이리 와 봐."
엄마는 언제 그랬냐는 듯이 다정하게 병관이를 부르십니다.
"손톱 깨무는 버릇이 심해지면 손가락 모양까지 이상해질 수 있어. 손가락 모습이 흉해지면 남들 앞에 손을 내밀기도 부끄럽지 않겠니?"
"네, 내일부터 저도 반창고 붙이고 고칠게요. 대신에……."

병관이가 말끝을 흐리자 엄마는 알았다는 듯이 고개를 끄덕이셨습니다.
"정말이죠, 나는 블록이 갖고 싶어요."
병관이는 얼른 반창고가 있는 약상자를 가져왔습니다.
"병관아, 너도 반창고 붙였네?"
이튿날, 학교 가는 길에 송이가 병관이에게 물었습니다.
"응, 병관이도 손톱을 깨물어서 엄마가 붙여 줬어."
지원이는 웃으며 이야기했습니다.
병관이는 누나에게 인상을 쓰고는 혼자 앞서 갔습니다.

인상 : 사람의 얼굴 생김새와 골격

하루, 이틀, 사흘……. 일주일이 금방 지나갔습니다.

금방 : 순식간에

지원이와 병관이의 손톱 검사 날이 됐습니다.
"엄마, 누나 손톱보다 내 손톱이 더 길죠?"
"아니야! 내가 더 길어!"
"그래, 둘 다 좋아졌네. 약속한 선물이야. 지원이는 색연필, 병관이는 블록. 손을 자꾸 사용하다 보면 손톱 깨물고 싶은 생각도 줄어들 거야."
엄마는 선물을 주면서 말씀하셨습니다.
그날부터 지원이는 좋아하는 그림 그리기를 하고,
병관이는 블록 쌓기를 하면서 차츰 나쁜 버릇을 고쳐 갔습니다.
그리고 누구든지 손톱을 깨물려고 하면 서로 알려 주었습니다.
지원이와 병관이의 손톱 깨물기 버릇은 그렇게 조금씩 고쳐졌습니다.

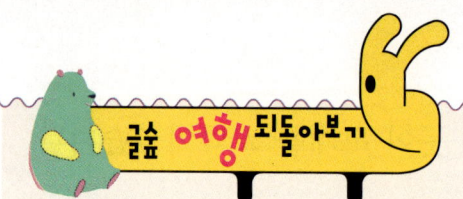

1. 지원이가 좋아하는 소시지를 먹지 않은 까닭은 무엇인가요?

2. 지원이의 손톱 깨물기 버릇이 생긴 것은 언제부터인가요?

3. 지원이가 손톱 깨물기 버릇이 있다는 것을 알고 어머니께서 어떻게 하셨나요?

   (1) 처음 :

   (2) 학교 갔다 온 다음날 :

4. 손톱을 깨물지 않기로 약속한 일주일 후 지원이의 손톱은 어떻게 되었나요?

5. 어머니께서는 일주일 뒤 다시 검사했을 때까지 손톱을 잘 기르면 어떻게 해 주겠다고 하셨나요?

6. 병관이가 은근히 샘이 난 까닭은 무엇인가요?

1 '선생님은 제 마음 알지도 못하시면서…….'

오늘 점심시간에 좋아하는 돈가스를 한 입 베어 먹으려는 순간 짝꿍 한결이가 "지원아, 돈가스 먹으면 살찐대."라고 놀렸다. 입맛이 싹 달아나 식판을 그대로 갖다 놓다가 선생님께 꾸중을 들었다.

😊 지원이가 되어 선생님께 꾸중을 들었을 때의 억울함을 적어 보세요.

....

....

....

2 '엄마는 진짜 너무하셔.'

누나가 혼날 줄 알았는데 오히려 칭찬을 받고, 게다가 엄마가 선물도 사 준다고 하시니까 은근히 샘이 난 동생 병관이도 손톱 깨물기 버릇이 시작되었다. 그래서 엄마에게 심한 꾸중을 듣게 되었다.

😊 병관이가 되어 어머니께 하고 싶은 말을 적어 보세요.

....

....

....

1 지원이의 엄마는 아이들의 버릇을 고치게 하려고 '~을 하면 선물을 주겠다'고 약속을 잘 하시는군요. 지원이 엄마의 이러한 교육방법에 대해 어떤 생각이 드는지 써 보세요.

2 잘못된 버릇을 고치는 방법에는 어떤 것들이 있을까요? 나의 생각을 써 보고 친구들과 이야기해 보세요.

3 좋은 습관이라고 생각하는 것들을 써 보고 친구들과 이야기해 보세요.

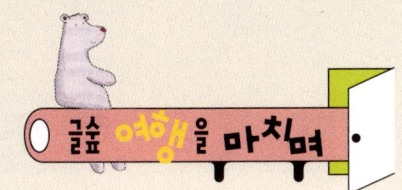

우리 가족을 인터뷰하여 좋은 습관과 나쁜 습관을 알아보고 좋은 습관을 만들기 위한 다짐을 적어 보세요.

가족 이름	(1) 좋은 습관	(2) 나쁜 습관	(3) 다짐

가족 이름	(1) 좋은 습관	(2) 나쁜 습관	(3) 다짐

알프스 소녀 하이디

1. 산이 우리에게 주는 고마움에는 어떤 것들이 있는지 3가지만 적어 보세요.

2. 지금까지 살면서 사랑하는 가족과 잠시 떨어져 지낸 경험이 있는지요? 왜 떨어져 지냈는지 그때의 생각과 느낌을 적어 보세요.

3. 누군가를 도와주었던 경험이 있으면 적어 보세요.

구연동화를 QR로 확인하세요.

알프스 소녀 하이디가 다시 알프스로 돌아오는 모습을 상상하며 '알프스 소녀 하이디'를 읽어 봅시다.

알프스 소녀 하이디

할아버지의 손녀 하이디

손녀 : 아들이나 딸의 딸

알프스의 알름산 중턱에 자그마한 오두막집 한 채가 있었습니다. 이 오두막집에는 키가 크고, 눈썹이 까맣고, 수염이 더부룩한 할아버지가 살고 있었습니다. 오두막집에서 산 아래 마을로 조금 내려오다 보면 낡은 집이 한 채 있는데, 페터는 그곳에서 어머니와 앞 못 보는 할머니와 함께 살았습니다. 페터는 마을의 염소지기로, 매일 아름 할아버지네 '백조'와 '곰'이라 불리는 염소 두 마리를 아침에 데려 갔다 저녁에 데려다 주었습니다. 그런데 할아버지를 무척 무서워하였습니다.

오두막집 : 사람이 겨우 살아갈 수 있을 만큼 작고 초라한 집

6월의 어느 더운 날, 키가 크고 고집이 세어 보이는 데테가 다섯 살쯤 되어 보이는 하이디를 데리고 와서 할아버지 앞으로 등을 떠밀었습니다.

"할아버지, 안녕하세요? 제가 하이디예요."

할아버지는 하이디의 손을 마주 잡으며 데테에게 물었습니다.

"그런데 왜 하이디를 내게 데리고 왔소?"

"제가 부잣집에서 일하게 되어 하이디를 기를 수 없답니다."

"그렇지만 어린아이를 산골에서 기르다니, 안 될 말이오."

"어쨌든 하이디는 할아버지의 손녀딸이니까 알아서 하세요."

"인정 없는 사람 같으니라고! 내 눈앞에서 얼른 떠나시오."

할아버지가 화를 내자 데테는 도망치듯 산을 내려갔습니다.

염소지기 소년 페터

밤이 되어 하이디는 할아버지가 만들어 주신 침대 위에서 잠들었습니다. 달빛은 어린 손녀의 잠자는 얼굴을 바라보고 있는 알름 할아버지의 인자한 눈과 미소를 비추고 있었습니다.

이튿날 아침, 페터의 휘파람 소리가 들리자 할아버지는 외양간에서 염소 두 마리를 끌고 왔습니다.

외양간 : 말과 소를 기르는 곳

"하이디야, 페터 따라서 산에 가지 않겠니?"

하이디는 좋아서 1분도 안 걸려 옷을 입고 나왔습니다.

할아버지는 페터가 가져온 보자기 속에 큰 빵 1개와 커다란 치즈를 컵과 함께 넣어 주며, 하이디에게 염소의 젖도 두 잔 짜 먹여 달라고 부탁했습니다.

산 위에서 페터가 휘파람을 불자, 염소 떼도 신이 나는 듯 바윗길을 뛰어오르고 껑충 뜀을 뛰며 앞으로 나아갔습니다. 하이디도 염소들에게 뒤지지 않고 푸른 풀 위를 이리저리 뛰어다녔습니다.

"하이디, 점심 먹자! 어서 이리 와."

페터가 염소의 젖을 짜서 하이디에게 주자 하이디는 단숨에 마셔 버렸습니다. 하이디는 큰 빵을 반만 떼어 놓고, 나머지 반하고 치즈를 페터에게 주었습니다. 페터는 생전 처음으로 맛있는 음식을 배불리 먹었습니다.

어느덧 해는 바위산 머리로 넘어가고 있었습니다. 하늘이 온통 빨갛게 물들었는데 마치 하늘에 불이 난 것 같았습니다.

"하이디, 이젠 산을 내려가자."

페터는 휘파람을 불어 염소 떼를 모았습니다.

"아름다운 장밋빛 바위산아, 내일 또 보자."

하이디는 염소 떼 틈에 끼여 산을 내려왔습니다.

알름산의 겨울

어느덧, 바위산에 눈이 덮이는 겨울이 되자, 페터는 염소를 목장에 데리고 다니지 못하고 마을 학교에 다녔습니다.

목장 : 말·양 따위를 놓아기르는 설비를 갖춘 넓은 구역의 땅

하이디는 쌓인 눈을 치우고 집수리를 하는 할아버지에게 페터네 집에 보내달라고 졸랐습니다. 드디어 산에 쌓인 눈이 얼음처럼 굳어지자, 할아버지와 하이디가 탄 썰매는 나는 듯이 빠르게 산을 내려가 페터네 집 문 앞에 다다랐습니다.

"페터 할머니, 안녕하세요? 제가 하이디예요."

페터 할머니가 하이디에게 어떻게 왔냐고 물었습니다. 할아버지가 데려

다 주었다고 하자, 기적이 일어났다고 생각했습니다.

기적 : 상식으로는 생각할 수 없는 아주 기이한 일

"할머니, 덧문이 떨어져서 덜렁덜렁하네요."

"오, 페터는 아직 어리니, 덧문을 고쳐 줄 사람이 없구나."

"할머니, 왜 아무것도 안 보여요?"

"눈도 해님도 내겐 보이지 않지만 말소리는 들을 수 있지."

"할아버지한테 덧문과 할머니 눈을 고쳐 달라고 할게요."

하이디는 할아버지에게 말만 하면 다 되는 줄 알고 있습니다.

저녁때가 되어 밖으로 나오니, 할아버지가 기다리고 있었습니다.

다음날도 하이디는 할머니를 보러 왔습니다.

"애야, 저게 무슨 소리냐? 무엇이 저렇게 덜컹거리지?"

"할머니, 저의 할아버지가 오셔서 덧문을 고치고 계세요."

페터의 어머니도 문 밖에 나가 보고 와서는 말했습니다.

"아니 글쎄, 하이디한테 이야기를 들었다고 하시면서, 알름 할아버지가 덧문을 고치고 계시네요. 지붕과 판자벽도 고쳐 주신다고 하네요. 이젠 폭풍이 불어도 끄떡없겠어요."

폭풍 : 몹시 세차게 부는 바람

"저 알름 할아버지가 그런 친절을 베풀었다고?"

할머니는 오늘도 또 기적을 보았습니다.

할아버지와의 이별

3년이 지난 어느 날, 데테가 찾아왔습니다.

"할아버지, 제가 일하는 집 친척 중에 큰 부잣집이 있는데, 그 댁 외동딸이 몸이 허약해서 학교에도 못 간답니다. 가정교사를 두고 공부를 시키는데, 친구가 될 여자 아이를 구한대요."

할아버지는 못마땅하다는 듯이 담배를 피워 물었습니다.

"전 하이디를 그 댁에 데려다 드리기로 약속했어요."

"하이디를 데려간다고? 당치도 않은 소리!"

할아버지는 그만 버럭 소리를 질렀습니다.

"그럼 하이디를 어떻게 하실 거예요?"

"이 산에서 이대로 키우겠소."

"하이디를 학교에도 안 보내고 교회에도 다니지 못하게 하신다죠? 하이디는 여덟 살인데 왜 글 가르쳐 줄 생각을 안 하시죠? 하이디는 제 조카이기도 하니까 제가 데려가겠어요."

"아이를 데리고 가서 망치든 말든 당신 마음대로 하시오. 그리고 두 번 다시 저 애를 데려오지 마시오."

할아버지는 이렇게 말하고 나가 버렸습니다.

데테는 벽장 속에 있는 하이디의 옷을 꺼내 보자기에 쌌습니다.

"이모, 나는 산에 사는 게 좋아. 할아버지 혼자만 두고는 못 가."

"이 모자 쓰고 얼른 가자. 산이 좋으면 다시 돌아오자."

"내가 가 버리면 페터 할머니가 쓸쓸해하실 텐데……."

"그럼 잠깐 프랑크푸르트에 가서 선물을 사다 드리려무나. 할머니 선물로는 무엇이 좋을까? 희고 부드러운 빵이 어떨까?"

"그럼 얼른 가서 할머니에게 흰 빵을 사다 드려요."

데테는 하이디의 마음이 변하기 전에 얼른 데리고 가려고 손을 꼭 잡고 산을 뛰어 내려갔습니다.

클라라의 집

마인 강 기슭에 자리 잡은 프랑크푸르트에 헬 제제만이란 돈 많고 인품이 훌륭한 신사가 몇 해 전에 아내를 잃은 후, 클라라라는 외동딸을 데리고 아름다운 저택에서 살고 있었습니다. 그 딸은 병으로 걷지 못하고 휠체어를 탔습니다. 그는 사업 관계로 집을 비우는 날이 많았는데, 그때마다 집안일을 로텐마이어라는 가정부가 혼자 도맡아 처리했습니다. 데테와 하이디는 그날 오후 늦게 저택에 도착했습니다.

인품: 사람의 품격이나 됨됨이
벽장: 벽을 뚫어 문을 내고, 장을 달아서 물건을 넣어 두게 된 곳
휠체어: 다리를 마음대로 움직일 수 없는 사람이 앉은 채로 이동할 수 있도록 바퀴를 단 의자

"이 아이는 작은 것 같은데, 도대체 지금 몇 살이지요?"

"난 이 아이를 열 살쯤 되었다고 생각해요."

데테 이모의 대답에 하이디가 얼른 말했습니다.

"열 살 아니에요. 할아버지가 그러시는데 난 여덟 살이래요."

"어쩐지 ……, 이 아이는 아가씨 공부 친구가 될 수 없어요."

"이 아이는 영리해서 꼭 아가씨의 좋은 친구가 될 거예요."

글을 읽을 줄 아냐는 로텐마이어의 질문에 데테 이모는 우물쭈물하더니 하이디를 혼자 두고 쏜살같이 돌아가 버렸습니다.

그동안 아무 말이 없던 클라라가 생긋 웃는 얼굴로 하이디를 부르며 인사를 하자 마음이 놓였습니다.

"프랑크푸르트에 오니 어때?"

"난 여기 오면 페터네 할머니에게 드릴 흰 빵을 살 수 있다고 해서 왔어. 빵을 사게 되면 돌아갈 거야."

"하이디, 너는 나와 같이 글공부를 하려고 프랑크푸르트에 온 거야. 그러니 가지 말고 나와 같이 있자꾸나."

클라라가 간절히 부탁했으나 하이디는 고개를 살래살래 저을 뿐이었습니다. 그날 밤, 하이디는 눈빛같이 희고 포근한 침대에서 잠을 잤지만 마음은 쓸쓸함으로 가득 찼습니다.

간절히 : 마음속에서 우러나와 바라는 정도가 매우 절실하게

클라라의 아버지

어느 날, 클라라의 아버지 헬 제제만 씨가 선물을 가득 실은 마차를 타고 돌아왔습니다.

마차 : 말이 끄는 수레

"아버지, 안녕히 다녀오셨어요?"

클라라는 인사했습니다. 헬 제제만 씨는 외동딸인 클라라를 껴안고 긴 머리카락을 쓰다듬으며 두 볼을 만져 주었습니다.

"아, 이 애가 스위스에서 온 알프스 소녀로구나!"

하이디는 수줍은 듯이 헬 제제만 씨를 쳐다보고는 방긋 웃었습니다.

식사를 하기 위해 나갔던 헬 제제만씨가 잠시 후 다시 클라라의 방으로 왔습니다.

"클라라야, 넌 착한 아이니까 숨기지 말고 대답해 다오."

"네, 아버지. 전 아버지한테는 무엇이든지 다 이야기할 수 있어요."

"로텐마이어 아주머니가 하이디가 미친 아이 같다고 하던데 정말이냐?"

클라라는 그동안에 일어났던 재미있는 일들을 낱낱이 이야기하면서, 하이디는 명랑하고 착해서 배울 점이 참 많은 아이라고 칭찬을 했습니다.

"그렇다면 안심이 되는구나. 하지만 로텐마이어 아주머니는 하이디를 알프스로 다시 돌려보냈으면 좋겠다고 하던데."

"안 돼요. 아버지! 전 하이디가 와서 얼마나 즐거운지 몰라요. 그러니 제발 하이디를 보내지 마세요."

제발 : 간절히 바라건대

"그래, 알았다. 걱정하지 말거라."

하지만, 로텐마이어 부인은 하이디가 제멋대로에 아는 것이 없다고 여전히 하이디를 못마땅하게 생각했습니다.

클라라의 할머니

헬 제제만 씨는 2주일 만에 또 파리로 떠나고 클라라의 할머니가 오셨습니다. 할머니께서 하이디를 다정하게 불렀습니다.

"하이디야, 넌 글을 배운 일이 있느냐?"

"글을 배우는 건 싫어요. 글은 아주 어려워서 배우기가 힘들다고 산에 사는 페터가 늘 그런 말을 했어요."

"남이 어렵다 한다고 해 보지도 않고 포기하면 안 되지."

할머니가 아름다운 그림책을 보여 주었습니다. 하이디는 책장을 넘길 때마다 눈을 동그랗게 뜨고 탄성을 질렀습니다. 할머니가 또 한 권의 그림책을 보여 주었습니다. 염소 떼들이 풀밭을 뛰어다니고 있는 그림을 보자 그만 울고 말았습니다. 할머니는 하이디를 안아 달래주면서 왜 우는지 말해 보라고 하였습니다.

그러나 하이디는 알름산 위의 집에 가고 싶다고 속마음을 말하면 귀여워하지 않을까봐 아무 말도 하지 못했습니다.

속마음 : 겉으로 드러나지 않은 진실한 마음

"오냐, 그럼 하느님께 기도를 드려라. 마음속에 슬픈 일, 괴로운 일이 생길 때 하느님께 모두 말씀드리면 들어 주신단다."

"정말 하느님께 뭐든지 다 말해도 돼요?"

"그럼. 뭐든지 네가 원하는 것은 다……."

하이디는 그 후부터 알프스로 돌아가고 싶거나 슬퍼지면 조용한 방에 가서 무릎을 꿇고 기도를 드렸습니다.

일주일 후, 가정교사가 할머니를 찾아왔습니다.

가정교사 : 남의 집에서 돈을 받고 그 집의 자녀를 가르치는 사람

"할머니, 기적이에요. 하이디가 이 책을 아주 잘 읽어요."

그 후, 할머니는 밤마다 하이디에게 말했습니다.

"하이디야, 클라라가 듣도록 그 책을 큰 소리로 읽어 보렴."

그러면 하이디는 신이 나서 책을 읽었습니다.

다음날, 클라라의 할머니는 떠났습니다.

흰 옷 입은 유령

유령 : ① 죽은 사람의 혼령 ② 죽은 사람의 혼령이 생전의 모습으로 나타난 형상 ③ 이름뿐이고 실제는 없는 것

많은 세월이 흐른 어느 날, 한밤중에 흰 옷 입은 유령이 나타난다는 말이 떠돌기 시작했습니다.

로텐마이어 부인은 서둘러 헬 제제만 씨와 할머니께 편지를 써서 보냈지만 올 수 없다는 답장이 차례로 왔습니다.

로텐마이어는 헬 제제만 씨에게 두 번째 편지를 써 보냈습니다. 헬 제제만 씨는 클라라가 걱정이 되었는지 이틀째 되는 날 돌아왔습니다.

그날 밤 9시 정각에, 초대한 클라라의 의사 선생님이 도착하자, 헬 제제만 씨는 유령 이야기를 했습니다.

"원, 세상에, 유령이라니……. 어쨌든 오늘 밤에 지켜보세."

두 사람은 안락의자에 앉아서 유쾌하게 세상 이야기를 하면서 밤이 깊어 가기를 기다렸습니다. 1시가 되었습니다.

그때, 의사 선생님이 무슨 소리가 난 것 같다고 속삭이자 모두들 귀를 기울였습니다. 현관문 여는 소리가 나는 것 같아 헬 제제만 씨와 의사 선생님은 권총을 쥐고 램프를 밝히면서 현관 문 쪽으로 가까이 걸어갔습니다. 그러자 열려 있는 현관문을 통해 달빛을 받으며 연기처럼 움직이고 있는 허연 것이 보였습니다.

현관 : 건물의 주된 출입구가 있는 문간
램프 : 석유를 넣은 그릇의 심지에 불을 붙이고 유리로 만든 등피를 끼운 등

"너는 누구냐?"

의사 선생님이 집 안이 쩌렁 울릴 만큼 크게 소리쳤습니다. 거기에는 새하얀 잠옷을 입은 하이디가 달빛 아래서 울고 있었습니다.

"여보게, 이 일은 아무래도 내가 맡아서 해결해야 할 것 같네. 자네는 침실로 가서 한잠 푹 자도록 하게."

의사 선생님은 하이디를 방으로 데리고 갔습니다.

그리운 알프스로

의사 선생님은 하이디를 편안하게 침대에 뉘였습니다.

"하이디야, 이젠 괜찮지? 아까는 어디를 가려고 했니?"

"저는 어디로 가려는 것이 아니었어요. 정신이 났을 때는, 잠들 때와는 다른 곳에 있었기 때문에 저도 깜짝 놀랐어요."

하이디가 띄엄띄엄 대답했습니다.

"음, 그랬을 거야. 그런데 너는 무슨 꿈을 꾸지 않았니?"

"매일 할아버지가 계신 산에 가 있는 꿈을 꾸어요. 전나무 가지가 바람에 흔들리고 있고 하늘에는 별이 반짝거렸어요. 그래서 저는 급히 뛰어가 오두막집 문을 열고 하늘을 쳐다보죠. 그런데 눈을 떠 보면, 전 이 프랑크푸르트에 있는 거예요."

하이디는 이야기하다가 터져 나오는 울음을 억지로 참으려고 하니까 숨이 막힐 것 같았습니다.

"몸이 어디 아프지는 않으냐?"

"아픈 데는 없어요. 다만 뭔가 돌덩이같이 무거운 것이 가슴을 자꾸 누르는 것만 같고, 그럴 땐 실컷 울고 싶어져요."

"그래서 마음껏 울었니?"

"아녜요, 로텐마이어 아주머니가 울면 안 된다고 했어요."

"그래서 울고 싶은 것도 억지로 참고 있었구나. 너는 여기서 사는 것이 좋지 않니?"

하이디는 '좋아요'라고 들릴 듯 말 듯한 소리로 대답했지만 의사선생님에게는 '아뇨, 좋지 않아요.'라는 말로 들렸습니다.

하이디의 두 눈에서 눈물이 하염없이 흘러내렸습니다.

"오냐, 실컷 울어라. 울고 나면 마음이 가벼워질 거다. 그리고는 잠을 자 보렴."

몽유병 : 정신병의 하나. 잠을 자다가 무엇에 이끌린 듯 일어나서 돌아다니는 등 어떤 행동을 하다가 다시 잠이 든 뒤, 아침에 깨어나서는 발작 중의 일을 전혀 기억하지 못함

의사 선생님은 방을 나와 헬 제제만 씨에게로 갔습니다.

"여보게, 하이디는 고향을 무척 그리워한 나머지 몽유병에 걸렸네. 집안사람을 공포 속에 몰아넣은 흰 옷 입은 유령이 바로 하이디였다네. 하루빨리 고향으로 돌려보내는 것이 저 애의 병을 낫게 하는 길이야. 보내지 않으면 더 심해질 거야."

다음날 아침, 헬 제제만 씨는 클라라의 방으로 갔습니다.

"클라라, 하이디가 병에 걸렸으니 알프스로 돌려보내자."

클라라는 뜻밖의 말에 깜짝 놀라 울면서 소리쳤습니다.

"싫어요! 하이디를 보내지 마세요."

"어쩔 수 없단다. 그 대신 이번 여름에는 할머니랑, 이 아버지랑 하이디를 만나러 산에 갈 것을 약속하마."

그제야 클라라는 울음을 그쳤습니다.

아침에 헬 제제만 씨는 하이디를 불러서 말했습니다.
"하이디야, 아침 식사 끝나고 알프스로 보내 주마."
"네? 그게 정말이에요?"
"음, 그래. 아침을 많이 먹고 마차를 타고 떠나도록 해라."
그러나 하이디는 너무 기뻐서 음식이 넘어가지 않았습니다.
떠나기 전, 하이디는 클라라의 방으로 갔습니다.
"어서 와. 내가 네 가방에 넣은 걸 봐. 어때, 마음에 드니?"
가방 속에는 옷과 필요한 물건이 들어있었고, 그 옆 바구니 속에는 부드러운 흰 빵이 열두 개도 넘게 들어 있었습니다.
"어머나! 페터네 할머니가 좋아하실 거야."
하이디는 너무 기뻐서 소리쳤습니다. 하이디는 자기 방으로 달려가, 전에 클라라 할머니가 준 그림책을 가지고 왔습니다. 그리고 그 책을 흰 빵과 함께 상자 안에 넣었습니다. 이윽고 기차역까지 하이디를 태우고 갈 마차가 도착했습니다. 하이디는 클라라와 헬 제제만 씨의 배웅을 받으며 그리운 알프스로 떠났습니다.

배웅 : 떠나가는 손님을 따라 나가 작별하여 보냄

알프스로 돌아온 하이디

하이디는 빨리 페터의 할머니를 만나보고 싶었습니다. 마차가 마을에 도착하자 짐 꾸러미 속에서 빵바구니와 편지만 꺼내서 험한 산길을 뛰다시피 올라갔습니다. 그리고는 할머니의 손을 잡으며 그 무릎 위에 엎드렸습니다. 하이디가 상자에서 12개의 흰 빵을 꺼내어 할머니의 무릎 위에 올려놓자, 할머니의 온 몸이 기쁨으로 떨렸습니다. 할머니는 하이디의 머리를 쓰다듬고 뺨을 어루만져 주었습니다.
하이디가 산으로 뛰어 올라갔을 때 할아버지는 예전처럼 전나무 밑에 담뱃대를 물고 앉아 있었습니다. 하이디가 할아버지 품으로 뛰어 들자, 할아버지는 하이디를 안으며 말을 잇지 못하고 두 눈에 눈물이 그렁그렁 맺혔

습니다. 할아버지는 하이디가 준 돈과 편지를 읽고 말했습니다.

"하이디야, 이 돈은 네 것이니까 벽장 속에 잘 넣어 두어라. 그럼, 네 침대를 다시 만들어야겠구나."

하이디는 사닥다리를 타고 다락방으로 올라가 보았습니다.

사닥다리 : 높은 곳에 오르내릴 때 디딜 수 있도록 만든 기구

"어머, 정말 내 침대가 없어졌네."

"나는 네가 다시는 여기 안 올 줄 알았다."

그때 문 밖에서 페터가 휘파람을 불며 산에서 염소를 몰고 돌아왔습니다. '백조'와 '곰'이 먼저 하이디를 알아보고 달려왔습니다. 페터는 잠시 숨을 고르며 놀란 마음을 가라앉히고 나서 하이디의 손을 덥석 잡았습니다.

그날 밤, 하이디는 할아버지가 만들어 준 새 침대 위에서 아주 편안히 잠을 잤습니다. 그러나 할아버지는 하이디가 걱정이 되어, 밤중에 열 번도 더 일어나서 하이디의 얼굴을 들여다보곤 했습니다.

교회에 간 알름 할아버지

하이디는 페터네 집에 가서 할머니에게 성경도 읽어 드리고 찬송가도 불러 드리면서 즐겁게 시간을 보냈습니다.

다음날은 하이디가 알프스로 다시 돌아온 후, 첫 번째로 맞이하는 일요일이었습니다. 할아버지와 하이디는 되르플리 마을 교회 안에 들어가 맨 뒷자리에 앉았습니다.

예배가 끝난 다음, 목사님은 찾아온 알름 할아버지의 두 손을 따뜻하게

예배 : 신이나 부처와 같은 초월적 존재 앞에 경배하는 의식

잡았습니다.

"목사님, 이번 겨울은 되르플리에서 지내야겠어요. 산은 너무 추워서 이 아이가 견뎌 내기 어려울 거예요."

"영감님, 정말 기쁜 일입니다. 우리는 사랑하는 이웃이며 친구로서, 늘 당신과 함께 지낼 수 있어 즐거울 뿐입니다. 그리고 이 손녀 따님에게도 좋은 친구가 많이 생길 것입니다."

마을 사람들은 모두들 자기 일처럼 반가워해 주었습니다.

페터네 집에 이르자, 할아버지는 페터 할머니에게 인사를 하며 망가진 곳이 있으면 고쳐 주겠다고 했습니다. 페터네 할머니는 기뻐서 더 이상 말을 잇지 못했습니다. 이윽고

"할아버지에게 부탁이 있는데, 내가 땅 속에 묻힐 때까지는 하이디를 나에게 안 보낸다든가 하지 마세요."

"할머니, 걱정 하지 마세요. 우리는 모두 영원한 친구입니다."

그때 페터가 편지 한 통을 들고 뛰어 들어왔습니다. 하이디는 페터가 전해준 편지를 읽었습니다.

「하이디야, 할머니하고 나는 어쩌면 너를 만나러 알름산에 갈지도 몰라. 할머니께서는……」

이 편지 내용을 듣고 모두들 기뻐했습니다.

클라라의 방문

겨울이 되자, 알름 할아버지는 목사님과 약속한 대로 알름산을 내려갔습니다. 하이디는 날마다 되르플리 마을의 학교에 가서 열심히 공부했습니다. 하이디는 눈 때문에 페터 할머니에게 자주 갈 수가 없어서, 페터에게 글을 가르쳐 할머니에게 성경책을 대신 읽어 드리도록 했습니다.

성경책 : 기독교의 성전. 구약성서와 신약성서로 이루어져 있다

추운 겨울이 지나고 6월도 다 간 어느 날,

"할아버지, 이리 와 저기 좀 보세요! 사람들이 오고 있어요."

하이디가 손가락으로 가리킨 곳엔 정말 클라라 일행이 산을 오르고 있었습니다. 마침내 일행이 오두막집에 도착했습니다. 하이디와 클라라는 서로 얼싸안았고, 할머니는 말에서 내리자 할아버지와 인사를 했습니다. 그리고 할머니는 하이디를 끌어안고 자기 뺨을 하이디의 뺨에다 비볐습니다. 그동안 할아버지는 담요를 펼쳐서 깔고 클라라를 의자에 앉혔습니다.

일행 : 함께 길을 가는 사람들의 무리

할아버지는 식탁과 손님들의 의자를 마당에 준비해 놓고, 부엌에서 음식

을 장만해서 모두 즐겁게 식사를 했습니다.

"얘, 클라라야, 너 못 먹던 치즈를 두 조각이나 먹는구나!"

할머니가 놀라서 말씀하시자, 할아버지는 이 산의 공기가 음식을 달게 해 주기 때문이라고 싱글벙글 웃으며 말했습니다.

할아버지는 클라라를 두고 가면 건강해지도록 잘 돌봐 주겠다고 클라라 할머니에게 말씀하셨습니다. 클라라와 하이디는 뛸 듯이 기뻤습니다. 저녁때가 되자, 하이디와 나란히 마른 풀 침대에 누워 동그란 창으로 하늘의 별무리를 바라보았습니다.

"하이디야, 우리가 마치 하늘 마차를 타고 높은 하늘로 곧장 올라가는 것 같구나."

클라라가 중얼거렸습니다.

클라라의 기적

클라라가 산에 온 지 3주일이 되는 동안, 할아버지는 끈기 있게 날마다 조금씩 일어서는 연습을 시켰습니다.

어느 날, 클라라와 하이디는 산 위에 핀 꽃을 보기 위해 산으로 올라가려고 했는데 휠체어가 없어졌습니다.

"할아버지, 바람이 불어 저 아래로 굴러 떨어졌나 봐요."

산 아래를 보니, 과연 멀리 골짜기 아래에 부서진 휠체어의 조각들이 여기저기 흩어져 있는 것이 보였습니다.

'바람 때문이 아니라 페터 녀석이 심술이 나서 그랬을 거야.'

심술 : 짓궂게 남을 괴롭히거나 남이 잘되는 것을 시기하는 못된 마음

할아버지는 클라라를 안고 앞장서서 올라갔습니다. 클라라를 양지바른 곳에 앉히고 오두막으로 내려갔습니다. 산 위에는 하이디와 클라라, 페터, 셋만이 남았습니다.

"클라라, 예쁜 꽃이 많이 피어 있는 곳까지 더 올라가 보자."

하이디가 말하자 클라라는 고개를 살래살래 흔들었습니다.

하이디는 페터가 있는 쪽을 쳐다보며 큰소리로 오라고 불렀습니다.

"네가 와야 해. 나 혼자서는 할 수가 없단 말이야. 얼른 와!"

"안 돼! 난 그런 일 해 주고 싶지 않아!"

"만약 네가 안 오면 난 내가 생각한 대로 할 테다. 페터."

페터는 가슴이 뜨끔해져서 하이디가 있는 곳으로 왔습니다.

"자, 왔어. 그 대신 할아버지한테 말하면 안 된다."

> 뜨끔하다 : 정신적으로 어떤 자극이나 가책을 받아 매우 뜨거운 듯한 느낌을 나타내는 말

"그래, 말하지 않을 테니까, 클라라를 부축해."

하이디와 페터는 클라라의 팔을 부축하여 안아 일으켰습니다.

"한 번 눈 딱 감고 땅에 발을 대면 다음부턴 안 아플 거야."

클라라는 하이디 말대로 첫발을 땅에 꽉 내딛고 다시 발을 땅에 대었습니다. 그리고 세 걸음, 네 걸음 조심스럽게 걷기 시작했습니다. 마침내 클라라의 몸에 기적이 일어났습니다.

다시 만날 때까지

며칠 뒤, 클라라의 할머니가 오두막집을 방문하였습니다.

"클라라, 정말 클라라냐? 나는 너를 못 알아볼 뻔했구나!"

할머니는 클라라를 끌어안고 볼에 마구 입을 맞추었습니다.

"정말 감사합니다. 모두 하이디 할아버지 덕분입니다."

"아니요. 하느님이 주신 충분한 햇빛과 산 공기 덕분입니다."

할아버지가 웃으면서 대답했습니다.

한편, 클라라를 놀라게 해 주려고 연락도 없이 오두막집에 다다른 헬 제제만 씨는 몰라보게 변한 딸을 두 팔로 끌어안았습니다. 이 광경을 바라보던 할머니가 말했습니다.

"저기 가서 하이디 할아버지께 인사드려라. 이 모든 것이 하이디 할아버지 덕분이야."

헬 제제만 씨는 할아버지에게 가서 말했습니다.

"클라라의 병이 낫고 이렇게 걷게 된 것은 모두 하이디 할아버지 덕분입니다. 어떻게 해야 보답이 되겠습니까?"

"한 가지 소원이 있다면……. 나는 늙은 몸이라 내가 죽은 후 하이디를 돌봐 주신다면 더 바랄 것이 없겠습니다."

"걱정 마십시오. 하이디를 내 딸처럼 여기고 보살펴 주겠습니다. 그렇지만 하이디를 위해 할아버지께서 오래 사셔야죠."

이제 하이디와 클라라가 헤어질 때가 되었습니다.

"하이디, 내년 봄에 다시 올게, 잘 있어."

클라라가 울음 섞인 목소리로 말했습니다.

"클라라, 건강하게 잘 지내."

이윽고 클라라는 정다운 하이디와 오두막집을 뒤로 하고 아버지와 함께 떠났습니다. 하이디는 클라라가 보이지 않을 때까지 열심히 손을 흔들었습니다.

1 하이디는 왜 할아버지와 알프스 알름산 중턱의 자그마한 오두막에서 살게 되었나요?

2 처음엔 가지 않겠다던 하이디가 데테 이모를 따라 프랑크푸르트로 가게 된 까닭은 무엇인가요?

3 하이디가 클라라네 집에서 앓게 된 병과, 그 병에 걸리게 된 이유는 무엇인가요?

4 하이디가 클라라를 부축해 달라고 말하자, 싫다고 하던 페터가 부축을 한 까닭은 무엇인가요?

1 '하이디를 떠나보내야만 하는 할아버지의 마음'

> "하이디를 학교에도 안 보내고 교회에도 다니지 못하게 하신다죠? 하이디는 여덟 살인데 왜 글 가르쳐 줄 생각을 안 하시죠? 하이디는 제 조카이기도 하니까 제가 데려가겠어요."

🙂 할아버지가 되어 데테 이모가 하이디를 프랑크푸르트로 데려간다고 했을 때의 마음이 어떠했을지 적어 보세요.

....

....

2 '클라라의 기적'

> 클라라는 하이디 말대로 첫발을 땅에 꽉 내딛고 다시 발을 땅에 대었습니다. 그리고 세 걸음, 네 걸음 조심스럽게 걷기 시작했습니다. 마침내 클라라의 몸에 기적이 일어났습니다.

🙂 클라라가 되어 걷게 되었을 때의 기쁨을 페터와 하이디에게 어떻게 표현했을지 적어 보세요.

....

....

....

1 페터가 신선한 염소젖과 할아버지가 싸주신 점심을 하이디에게 주자 하이디는 빵을 꺼내 큼직하게 반으로 잘라서 커다란 치즈를 얹어 페터에게 주었습니다. 이 장면에서 느껴지는 하이디의 성격과, 내가 하이디라면 어떻게 하였을지 적어 보세요.

2 하이디는 할아버지가 살고 계시는 알프스로 돌아오고 싶은 마음을 표현하지 못하고 병에 걸리고 맙니다. 하이디에게 위로하는 말을 적어 보세요.

글숲 여행을 마치며

페터는 하이디가 클라라와만 친하게 지내자 클라라의 휠체어를 골짜기로 차 버렸습니다. 휠체어가 없어진 클라라는 걷는 연습을 더 열심히 하여 빨리 걸을 수 있게 되었습니다. 여러분도 좋지 않은 상황을 극복하여 좋은 결과로 만든 경험이 있으면 적어 보세요.

바위나리와 아기별

 학교에서 외톨이라고 느꼈던 경험을 적어 보세요.

 친구가 좋다고 느꼈던 경험을 적어 보세요.

(1) 언제 :

(2) 누구 :

(3) 왜 :

 기다리는 마음과 가지 못하는 안타까운 마음을 색으로 표현해 보세요.

(1) 기다리는 마음   (2) 가지 못하는 안타까운 마음

구연동화를 QR로 확인하세요.

인물의 성격을 생각하며 '바위나리와 아기별'을 읽어 봅시다.

바위나리와 아기별

　남쪽 나라 따뜻한 나라, 사람 사는 동네도 없고, 사람이나 짐승이 지나간 흔적도 없는 쓸쓸한 바닷가에, 넓고 넓은 모래벌판만이 펼쳐져 있었습니다. 바닷가라서 나무도 없고, 나무가 없으니 노래 부를 새 한 마리는커녕 풀 한 포기조차 없었습니다. 희고 흰 모래벌판과 푸르고 푸른 바닷물만이 펼쳐져 있었습니다. 가끔 바람이 '쇠'하고 지나가는 소리와 바닷물이 '찰싹 찰싹'치는 소리밖에는 아무 소리도 들리지 않는 고요한 바닷가였습니다.

　그런데 이렇게 쓸쓸하고 고요한 바닷가에 이상하고 놀라운 일이 일어났습니다. 밀물 때문에 바닷가에 밀려온 주먹만 한 감장돌 하나를 의지하고, 조그만, 그렇지만 예쁘고 깨끗한 풀 한 포기가 뾰족이 솟아 나왔습니다. 그 풀이 점점 자라 두 잎이 되고 세 잎이 되더니 가지가 뻗고, 가지에는 곱고 고운 빨간 꽃이 한 송이 피어났습니다. 또 파란 꽃도 한 송이 피어났습니다. 그 다음에는 노란 꽃, 또 그 다음에는 흰 꽃, 자주 꽃이 피어나서 마침내 아름다운 오색 꽃이 함빡 피어났습니다. 파란 바다와 흰 모래벌판 사이에 피어난 이 오색 꽃은 그 무엇과도 아름다움을 비길 수 없는 '바위나리'라는 꽃이었습니다.

고요하다: 움직임이나 흔들림이 없이 잔잔하다
감장돌: 검정색 돌
함빡: 남을 정도로 아주 넉넉하게. 꽉 차고도 남도록 흡족하게
벌판: 넓고 평평한 들

　　세상에서 제일가는
　　어여쁜 꽃은
　　그 어느 나라의
　　무슨 꽃일까.

11. 바위나리와 아기별　129

먼 남쪽 바닷가
감장돌 앞에
오색 꽃 피어 있는
바위나리지요.

바위나리는 날마다 노래를 부르면서 친구를 불렀습니다. 그렇지만 바다와 모래벌판과 바람결밖에는 아무것도 없는 이 바닷가에 친구가 될 만한 것은 하나도 없었습니다. 며칠을 기다리고 기다려도 아무도 보이지 않았습니다.

'아, 이렇게 예쁘고 아름다운 나를 귀여워해 줄 친구가 없구나!'

친구를 기다리며 바위나리는 훌쩍훌쩍 울기도 하였습니다. 그러다가도 아침에 해가 동쪽에서 불끈 솟아오르면

'그래, 오늘은 누가 꼭 와 주겠지!'

라고 생각하면서 더 예쁘게 단장을 하고 고운 목소리로 노래를 불렀습니다. 그렇지만 해가 서쪽으로 슬그머니 사라져 가도 찾아오는 친구는 없었습니다.

단장 : 얼굴, 머리, 옷차림 따위를 곱게 꾸밈

'아, 오늘도 역시 아무도 오지 않고 해가 졌구나!'

바위나리는 눈물이 글썽글썽해져서 이튿날을 기다렸습니다. 이튿날 아침에 해가 동쪽에서 불끈 솟아오르면 또

'그래, 오늘은 누가 꼭 와 주겠지!'

라고 생각하였습니다. 바위나리는 이렇게 며칠 동안 날마다 노래를 부르면서 친구가 오기를 기다렸지만, 찾아오는 친구는 아무도 없었습니다. 바위나리는 큰 소리로 울었습니다.

그런데 이상하게도 이 울음소리가 밤이면 남쪽 하늘에 맨 먼저 뜨는 아기별의 귀에 들렸습니다. 아기별은 이 울음소리를 듣고 깜짝 놀랐습니다.

'누가 이렇게 슬프게 울까? 내가 가서 달래 주어야겠다.'

아기별은 별나라의 임금님에게 다녀오겠다는 말도 하지 않고, 울음소리가 나는 곳을 찾아 내려갔습니다.
　울음소리를 따라 바닷가로 내려간 아기별은 바위나리가 혼자 슬프게 울고 있는 것을 보았습니다. 아기별은 바위나리를 한참이나 정신없이 보고만 있었습니다. 그러다가 바위나리의 뒤로 가까이 가서 어깨를 툭 치면서 물었습니다.
　"왜 울어요?"
　바위나리는 깜짝 놀랐습니다. 돌아다보니 아름다운 별님이 아니겠습니까? 바위나리는 어찌나 좋은지 어쩔 줄을 모르고 이리저리 몸을 흔들며 외쳤습니다.

"별님, 별님!"

잠깐 동안만 달래 주고 돌아가려던 아기별은 바위나리를 보자 더 오래 같이 놀고 싶었습니다. 다른 생각은 다 잊어버렸습니다. 아기별과 바위나리는 이야기도 하고, 노래도 부르고, 놀이도 하면서 밤새는 줄 모르고 놀았습니다.

그러다가 어느새 새벽이 되었습니다. 그제야 아기별은 깜짝 놀라 소리쳤습니다.

새벽 : 날이 밝을 녘. 먼동이 트기 전

"큰일 났다. 바위나리야, 나는 얼른 가야 돼. 오늘 밤에 또 올게. 울지 말고 기다려, 응?"

아기별이 돌아가려고 하니까 바위나리가 아기별의 옷깃을 꼭 붙들고 울면서 놓지 않았습니다.

옷깃 : 옷의 목을 둘러 앞에서 여미는 부분

"나는 얼른 가야만 돼! 더 늦으면 하늘 문이 닫혀서 들어갈 수가 없어. 오늘 밤에 꼭 다시 내려올게."

아기별은 이렇게 말하고 스르르 하늘 위로 올라갔습니다. 바위나리는 하는 수 없이 밤이 되기만을 기다렸습니다. 아무에게도 들키지 않고 돌아간 아기별도 어서어서 밤이 되기를 기다렸습니다.

밤이 되자, 아기별은 임금님에게는 물론 아무에게도 말하지 않고 슬그머니 바닷가로 내려왔습니다. 바위나리와 아기별은 이렇게 해서 밤마다 즐겁게 놀곤 하였습니다.

그런데 하루는 어디선지 찬바람이 불어와서 흰 모래가 날리고 바닷물이 몰아치는 바람에 바위나리가 그만 병이 들고 말았습니다. 아름다운 꽃은 시들었고, 바위나리는 괴로워하며 눈물을 흘렸습니다. 그날 밤, 아기별은 추워하는 바위나리를 품 안에 꼭 안아 따뜻하게 해 주고, 머리를 짚어 주기도 하면서 훌쩍훌쩍 울었습니다.

바위나리는 눈물을 뚝뚝 흘리면서 말하였습니다.

"별님, 어서 돌아가세요. 늦으면 어떡해요? 그리고 오늘 밤에도 꼭 와

주세요, 네?"

아기별이 언뜻 정신을 차리고 보니 정말 많이 늦었습니다. 허둥지둥 달려갔지만 하늘 문은 꼭 닫혀 있었습니다.

허둥지둥 : 다급하여 신을 못신고 몹시 허둥거리는 모양

"이런, 큰일 났네."

아기별은 어쩔 줄을 모르고 한참 동안이나 멍하니 있다가 문지기를 불러 보았으나 아무도 대답하는 이가 없었습니다. 하는 수 없이 성 뒤로 가서, 있는 힘을 다하여 까마득히 높은 성을 넘어 들어갔습니다.

그런데 임금님은 밤마다 아기별이 어디에 갔다 오는지 이미 다 알고 있었습니다.

아기별은 임금님 앞에 불려 갔습니다.

"아기별은 나라의 법을 어겼으므로 나가거라!"

임금님은 눈을 부릅뜨고 소리쳤습니다. 아기별은 무서워 몸을 벌벌 떨며 말하였습니다.

"용서해 주십시오. 다시는 밖에 나가지 않겠습니다."

아기별은 이렇게 말하고 겨우 임금님 앞을 물러 나왔으나, 병들어 혼자 괴로워하고 있을 바위나리를 생각하면 가슴이 미어지는 것 같았습니다.

그날 밤, 바위나리는 늦도록 아기별을 기다렸습니다. 그러나 끝내 아기별은 내려오지 않았습니다.

이튿날에도, 그 이튿날에도 아기별은 보이지 않았습니다. 바위나리의 병은 점점 깊어 갔습니다. 꽃은 시들고 몸은 말라 갔습니다. 간신히 감장돌에 몸을 의지하고 있던 바위나리는 별안간 불어온 모진 바람에 그만 바다로 '휙' 날려 가고 말았습니다.

모질다 : 마음씨가 몹시 매섭고 독하다

아기별은 날마다 바위나리 생각만 하며 울었습니다. 어떻게든지 한번 바닷가에 가 보고 싶은 마음이 간절하였습니다. 소리를 질러 울고 싶었으나, 임금님과 다른 별들이 들을까 봐 울 수도 없었습니다. 다만, 솟아 나오는 눈물만은 어찌할 수 없어 눈에는 눈물이 그칠 새가 없었습니다. 그렇지만

혼자서 눈물을 흘리는 것조차 임금님의 눈에 거슬리고 말았습니다.

거슬리다 : 순순히 받아들여지지 않고 언짢은 느낌이 들며 기분이 상하다

"너는 요새 밤마다 울기 때문에 빛이 없다. 빛이 없는 별은 쓸데가 없으니 당장 나가거라!"

임금님은 소리를 버럭 질렀습니다. 그러고는 아기별을 하늘 문밖으로 내쫓았습니다.

버럭 : 성이 나서 갑자기 기를 쓰거나 소리를 냅다 지르는 모양

하늘에서 쫓겨난 아기별은 정신을 잃고 바다로 떨어졌습니다. 그런데 참 이상한 일이 일어났습니다. 아기별이 떨어진 곳은 오색 꽃 바위나리가 바람에 날려 들어간 바로 그 바다였습니다.

그 뒤부터 해마다 아름다운 바위나리는 바닷가에 피어납니다.

여러분은 바다를 들여다본 적이 있습니까? 바다는 물이 깊으면 깊을수록 환하고 맑게 보입니다. 왜 그럴까요? 그것은 지금도 바다 밑에서 아기별이 빛나고 있기 때문이랍니다.

① 바위나리가 사는 곳은 어디인가요?

② 바위나리는 왜 노래를 불렀나요?

③ 바위나리의 울음소리를 듣고 아기별은 어떻게 하였나요?

④ 등장 인물의 성격과 어울리게 연결해 보세요.

    (1) 바위나리 •   • (가) 나라의 법을 어기면 무섭게 벌을 준다.

    (2) 아기별 •   • (나) 겁이 많고 외로움을 많이 탄다.

    (3) 임금님 •   • (다) 인정이 많고 착하며 우정이 깊다.

⑤ 아기별이 하늘나라에서 쫓겨난 까닭은 무엇인가요?

⑥ 하늘에서 쫓겨난 아기별과 바다로 날려 간 바위나리는 어떻게 되었나요?

    (1) 바위나리 :

    (2) 아기별 :

1 '별님, 고마워요.'

> 아무도 없는 바닷가에서 친구를 찾으며 울고 있는 바위나리에게 친구가 찾아왔어요. 이야기도 하고 노래도 부르고 놀이도 하면서 밤새는 줄 모르고 놀았어요. 정말 행복했어요.

😊 바위나리가 되어 친구가 되어 준 아기별에게 고마운 마음을 전해 보세요.

....
....
....

2 '아기별의 기도'

> 임금님의 명령으로 바닷가로 내려가지 못하는 아기별은 병들어 혼자 괴로워하고 있을 바위나리 생각에 가슴이 미어지는 것 같습니다.

😊 아기별이 되어 바위나리를 위한 기도를 적어 보세요.

....
....
....

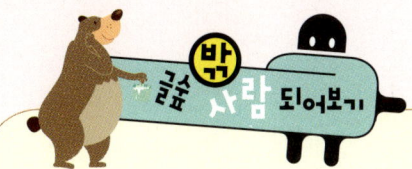

1 등장인물의 성격을 바꾸어서 이야기를 상상해 보세요.

(1) 아기별이 어른의 말을 잘 듣지 않고 고집이 세다면 이야기가 어떻게 되었을까요?

(2) 만약 아기별이 바위나리에게 친구가 되어 주지 않았다면 어떻게 되었을까요?

(3) 임금님이 자상하고 인정이 많았다면 이야기는 어떻게 되었을까요?

2 우리 반에서 바위나리와 아기별 같은 성격을 가진 친구가 있는지 생각해 보세요.

(1) 바위나리 같은 친구 :

(2) 아기별 같은 친구 :

글숲 여행을 마치며

1 바위나리와 아기별의 마음을 담은 동시를 지어 보세요.

(1) 제목 :

2️⃣ 바위나리와 아기별을 소개하는 인물 카드를 꾸며 보세요.

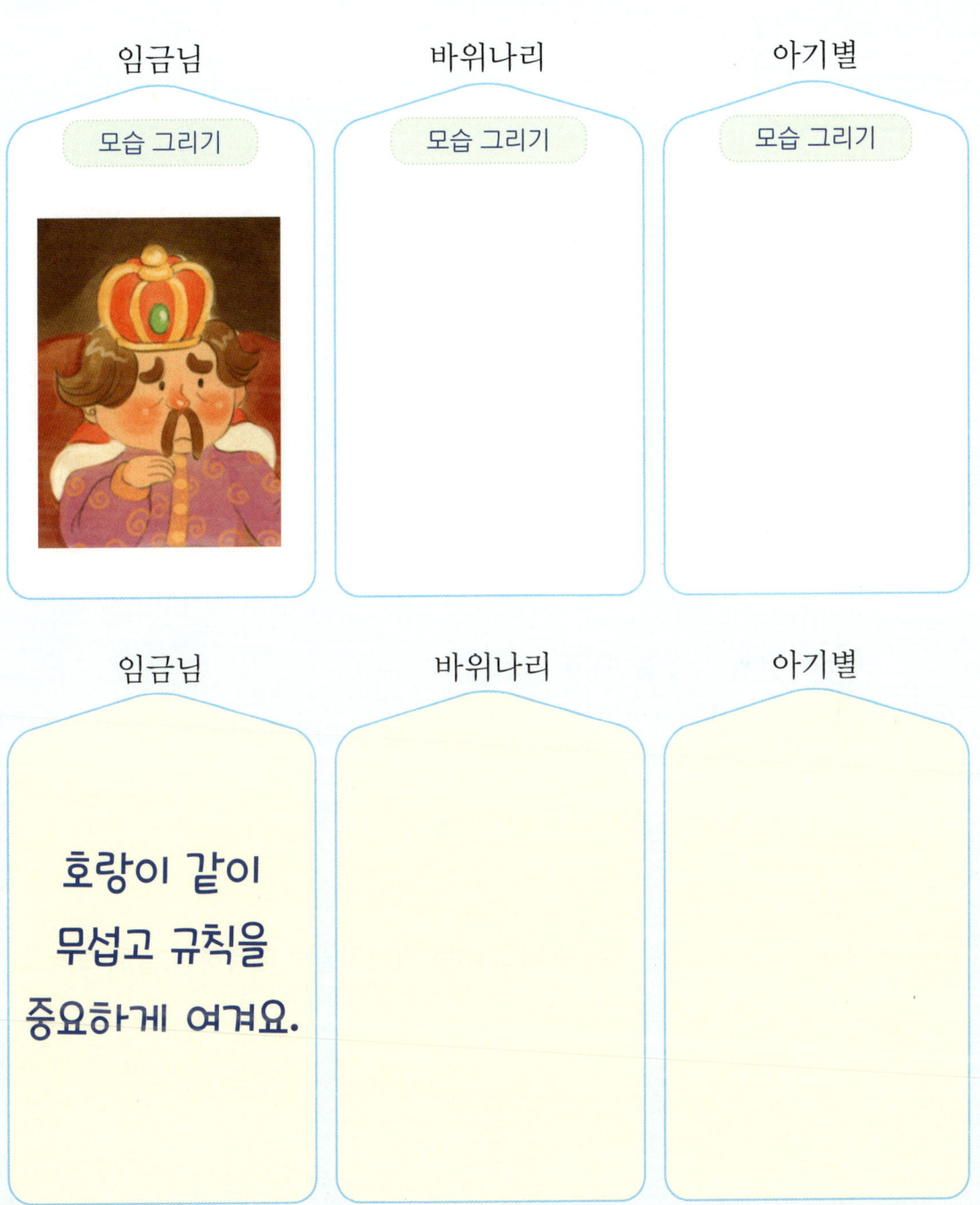

병태와 콩 이야기

 1 친구와 나만 아는 비밀을 적어 보세요.

(1) 언제 :

(2) 누구 :

(3) 비밀내용 :

(4) 비밀을 가졌을 때의 느낌 :

 2 병태와 콩 이야기라는 제목을 보고 어떤 이야기일지 예측하여 말해 보세요.

구연동화를 QR로 확인하세요.

이야기의 흐름을 생각하며 '병태와 콩 이야기'를 읽어 봅시다.

병태와 콩 이야기

종민이와 싸웠습니다. 종민이가 소문을 퍼뜨렸기 때문입니다.
소문 : 사람들 입에 오르내려 전하여 들리는 말

"병태는 유리를 좋아한대요, 킥킥킥!"

"내가 언제?"

병태가 힐끗 유리를 쳐다봅니다.

"어저께 유리 뒤를 쫄쫄 따라가는 거 다 봤어."

병태는 얼굴이 벌겋게 달아오릅니다. 종민이가 다리를 배배 꼬면서 웃습니다. 약 올리는 게 분명합니다. 그러나 병태는 꾹 참습니다.

병태가 우물쭈물 말합니다.

"이모네 집에 가던 길이야."

"벼엉신, 거짓말하고 있네."

그 말에 병태는 화가 납니다. 병태는 '병신'의 '병'자만 들어도 마음이 사나워집니다. '병신'은 병태 별명이니까요.

병태 주먹이 종민이한테 날아갑니다.

"퍽!"

종민이 발이 병태한테 날아옵니다.

"팍!"

순식간에 교실은 난장판이 됩니다. 여자 아이들이 '악악' 소리를 질러 대면서 병태와 종민이 싸움을 구경합니다.
난장판 : 여러 사람이 함부로 떠들거나 뒤엉켜 뒤죽박죽이 된 곳. 또는 그런 상태

"되게 무섭게 싸운다!"

"병태야, 너 코피 터졌어!"

반장 선우가 눈을 동그랗게 뜨며 소리쳤습니다. 순간, 병태는 건전지가 다 닳아 버린 로봇처럼 싸우던 동작을 멈췄습니다.

그때 선생님이 교실로 들어섰습니다.

"모두 자리에 앉아!"

선생님 목소리가 교실 안에 쩌렁 울려 퍼졌습니다. 천둥소리에 놀란 송사리 떼처럼 아이들은 재빨리 자기 자리를 찾아 흩어졌습니다. 병태와 종민이도 그 틈에 느릿느릿 몸을 움직였습니다.

송사리: 송사릿과의 민물고기. 몸의 길이 3~4cm 정도, 잿빛을 띤 엷은 갈색으로, 옆구리에 작고 검은 점이 많이 있고 눈이 큼

"병태랑 종민이는 이리 나와!" 그 소리에 병태와 종민이는 찔끔하고 멈춰 섰습니다.

'누가 벌써 선생님한테 일러바쳤나?'

아이들은 슬금슬금 선생님 눈치를 살핍니다.

병태랑 종민이는 씩씩거리며 교실 앞쪽으로 걸어 나갔습니다. 자기가 더 억울하다는 걸 티 내기라도 하려는 듯이.

"서로 사이좋게 지내야지 왜 싸우는 거야?"

"이 녀석 코피 좀 봐."

선생님이 벽걸이에 걸린 두루마리 휴지를 떼어 냅니다.

"코피 터지면 지는 거야, 알아?"

코피를 대충 닦아 준 뒤, 손으로 병태 엉덩이를 툭 치며 선생님이 말합니다.

"수돗가에 가서 깨끗이 씻고 와."

병태는 풀이 죽어 교실을 나갑니다.

"오늘은 선생님이 참는다. 자리로 들어가."

종민이는 씩씩하게 자기 자리로 들어가 앉습니다.

잠시 뒤, 병태가 돌아와 자리에 앉자,

"자, 공부하자."

하고 선생님이 말합니다.

과학 시간입니다. 화분 두 개가 교탁 위에 놓여 있습니다. 선생님이 하얀

종이에 싼 콩 몇 알을 풀어 보이며 말했습니다.

"여기 똑같은 흙이 담긴 화분 두 개가 있다. 각각 콩을 네 알씩 심겠다."

선생님이 연필 끝으로 화분 속 흙을 파헤쳤습니다.

그러고는 "하나, 둘, 셋, 넷!" 하면서 콩 네 개를 심습니다.

"한 화분엔 물을 주고, 한 화분엔 물을 주지 않겠다. 자, 그럼 다 같이 예상해 보자."

예상: 일을 직접 당하기 전에 미리 생각해 둠. 또는 그런 내용

선생님이 화분을 반 바퀴 돌렸습니다. 한 화분엔 '물 준 화분'이라고 써 붙여 놓았고, 한 화분엔 '물 안 준 화분'이라고 써 붙여 놓았습니다.

유리가 번쩍 손을 들었습니다.

"선생님, 물 준 화분에 심은 콩은 곧 싹이 틀 거예요."

선생님이 빙긋 웃으며 유리에게 물었습니다.

"그럼 물을 안 준 화분에 심은 콩은?"

"화분 속에서 콩이 말라 죽을 거예요."

"똑똑해요!"

선생님이 짝짝짝 박수를 친 다음 말했습니다.

"음, 오늘이 월요일이니까, 빠르면 다음 주 월요일쯤엔 싹이 틀지도 모르겠다. 물론, 물 준 화분에 심은 콩만……."

그리고 집기병 속에 준비한 물을 '물 준 화분'의 콩에게 먹였습니다.

집기병: 화학 실험 기구의 하나. 기체를 모으는 유리로 된 병

'물 안 준 화분'의 콩에는 한 방울도 주지 않았습니다.

그때 병태의 머릿속에 할머니 모습이 확 떠올랐습니다.

할머니는 방 안에서 손수 콩나물을 키우십니다. 다 키운 콩나물은 이웃에게 나누어 주십니다. 그럴 때 할머니 손길은 참 넉넉해 보입니다. 콩나물에 물을 죽죽 끼얹으며 중얼대던 할머니 목소리가 병태의 귓속으로 파고듭니다.

"말 못하는 것들도 정성껏 키운 사람의 마음을 알지."

병태가 선생님을 힐끗 쳐다보며 쫑알댑니다.

"이 세상 온갖 것을 사랑하라며, 죄 없는 콩을 왜 죽이는 거야."

그 말을 병태 짝 유리가 들었습니다. 갑자기 전기가 오른 것처럼 유리가 바르르 떨었습니다.

선생님이 화분 두 개를 햇볕이 잘 드는 창가에 놓았습니다. 선생님 책상 바로 옆입니다.

화요일 수요일이 지나고, 목요일 금요일도 지나고, 토요일이 되었습니다.
공부를 마치자 선생님이 유리를 불러 놓고 일렀습니다.

"오늘 바쁜 일이 있어서 선생님 먼저 가 봐야겠다. 유리는 청소 끝난 뒤, 문단속 철저히 한 다음에 가거라, 알겠니?"

"네."

선생님이 먼저 교실을 나갑니다.

그러자 청소 당번들은 슬금슬금 빗자루와 쓰레받기를 팽개치고 도망칩니다. 화장실에서 대걸레를 빨아 복도 바닥을 닦고 있는 병태와 교실 청소를 하는 유리만 남았습니다.

아이들은 토요일 청소를 아주 싫어합니다. 토요일엔 빨리 집으로 달려가고 싶어 합니다. 다음날이 쉬는 날이어서 그런가 봅니다.

유리는 걸레를 빨아 책상과 사물함을 닦습니다.

병태가 교실 안으로 들어옵니다. 그리고는 선생님 책상 옆에서 머뭇머뭇합니다. 어쩐지 수상스러워 보입니다. 유리는 힐끗힐끗 병태의 행동을 살핍니다.

마침내 유리는 병태의 비밀스런 행동을 잡아냅니다.

"신병태, 너 거기서 뭐 하는 거야?"

병태가 손에 든 물컵을 재빨리 등 뒤로 감춥니다. 유리가 쪼르르 병태 앞으로 다가가 다그칩니다.

다그치다 : 일이나 행동 따위를 빨리 끝내려고 몰아치다

"너 나쁜 짓 했지?"

"콩 살리려고 물 줬다, 왜!"

"물 안 준 화분에 물을 주면 어떡하니?"

"물을 안 주면 콩이 죽잖아."

"하지만 이건 과학 실험이야, 이……."

유리는 '이 병신아!' 하는 말을 목구멍으로 간신히 삼킵니다.

"너, 선생님한테 이르면 죽어!"

물컵을 놓고, 병태가 자기 책상 앞으로 걸어갑니다. 그러고는 잡아채듯 책가방을 휙 집어 듭니다. 몹시 화가 난 아이처럼.

교실을 나서며 병태가 쏘아붙이듯 말합니다.

"어저께도, 그저께도 내가 물 줬어."

병태가 떠난 뒤, 유리는 한참 동안 멍하니 서 있습니다. 병태의 마음이 가슴에 와 닿을 듯 말 듯 합니다.

월요일 둘째 시간.

선생님은 과학 공부를 시작하기 전까지 그 사실을 까맣게 몰랐습니다. 반 아이들과 실험 결과를 관찰하려다가 뒤늦게 알고 소스라치게 놀랐습니다.

소스라치다 : 깜짝 놀라 몸을 갑자기 떠는 듯이 움직이다

'물 준 화분'과 '물 안 준 화분'에 똑같이 앙증맞은 싹이 돋아나 있었던 것입니다.

앙증맞다 : 작으면서도 갖출것은 다 갖추어 아주 귀엽고 깜찍하다

"이게, 도대체, 어떻게 된 거야?"

선생님이 두 눈을 휘둥그렇게 떴습니다.

병태는 고개를 숙인 채 앉아 있었고, 유리는 아무 말도 하지 않았습니다.

선생님이 소리쳤습니다.

"이건 말도 안 돼!"

그리고 절레절레 고개를 흔들었습니다.

"귀신이 곡할 노릇이구먼."

그날 유리는 '콩 이야기'란 제목으로 일기를 썼습니다. 비밀을 혼자만 알고 있으려니 조바심이 났던 것입니다.

조바심 : 조마조마하여 마음을 졸임 또는 그렇게 졸이는 마음

12. 병태와 콩 이야기

콩 실험을 망쳤다.
그러나 병태 때문에 콩은 죽지 않았다.

다음날 선생님은 유리 일기장을 보았습니다. 선생님은 병태에게 한 대 얻어맞은 기분이었습니다. 창 밖에 햇살이 쨔랑쨔랑 바스러지고 있었습니다.

바스러지다 : 깨어져 잘게 조각이 나다

선생님은 곰곰이 생각에 잠깁니다. 눈길이 슬그머니 창가의 화분에 가 머뭅니다. 햇볕을 받고 있는 어린 싹이 그렇게 귀여울 수 없었습니다.

선생님은 유리 일기장이 아니라 병태 일기장에 이렇게 썼습니다

병태야, 고맙구나.
선생님은 오늘 아주 큰 사랑을 선물 받았다.

병태는 일기장을 받아 들고 선생님이 써 준 글을 읽었습니다. 대번에 유리 얼굴이 떠오릅니다. 유리가 말을 한 게 틀림없습니다. 그렇지만 병태는 전혀 기분 나쁘지 않았습니다. 콩 실험 때문에 유리와 비밀을 간직하게 됐으니까요. 둘만의 비밀이 있다는 건 그만큼 가까운 사이가 되었다는 뜻인지도 모르니까요.

대번에 : 서슴지 않고 단숨에. 한 번에 곧

병태는 선생님이 써 준 글을 유리에게 살짝 보여 줍니다. 유리가 알겠다는 듯이 병태를 향해 생긋 웃음을 보내 줍니다. 유리의 한쪽 볼에 꽃처럼 환하게 보조개가 피어납니다.

병태는 기분이 좋아 이렇게 외치고 싶은 걸 꾹 참았습니다.

"난 유리가 좋아!"

12. 병태와 콩 이야기

1 종민이와 병태가 싸운 이유는 무엇인가요?

2 병태가 종민이와 싸우면서 주먹이 먼저 나간 까닭은 무엇인가요?

3 병태네 반 아이들이 한 실험은 무엇인가요?

4 병태는 왜 화분에 물을 주었나요?

5 유리와 병태만이 가지게 된 비밀은 무엇인가요?

6 병태가 물을 준 것을 아신 선생님께서 어떻게 하셨나요?

1 '우와, 살 것 같다!'

　난, '물 안 준 화분'에 뿌려진 콩이야. 물을 먹지 못하고 흙속에 묻혀 햇빛이 잘 드는 창가에 있으니 여간 목이 마르지 않아요. 그런데 병태가 물 한 컵을 화분에 주고 가네요.

　😊 여러분이 콩이 되어 병태에게 고마운 마음을 전해 보세요.

....

....

....

2 '물 안 준 화분에 물을 주면 어떡해!'

　병태와 유리가 과학실험이 있은 후 더 가까워진 것을 안 종민이는 이상하게 생각하다 병태가 '물 안 준 화분'에 물을 준 사실을 알게 되었어요.

　😊 종민이가 되어 과학실험을 망치게 한 병태와 유리에게 하고 싶은 말을 써 보세요.

....

....

....

1 병태가 화분에 물을 준 일에 대해 각각의 입장에서 의견을 써 보고 친구들과 토론해 보세요.

(1) 잘한 일이다. 왜냐하면	(2) 잘못한 일이다. 왜냐하면

2 비밀을 지킨 유리의 행동에 대하여 나의 의견을 말하여 보세요.

3 내가 만약 선생님이라면 '물을 안 준 화분'에도 새싹을 돋아나게 한 것이 병태라는 것을 알게 되었을 때 어떻게 지도했을까요?

글숲 여행을 마치며

'병태와 콩 이야기'의 주인공인 병태에게 여러분의 생각이나 느낌이 드러나게 편지를 써 보세요.

　　　　　　　　에게

　　　　　　　　　　　　　년　　월　　일
　　　　　　　　　　　　　　　　　　　　씀

우리는 한편이야

 부모님께서 말다툼을 하실 때 나의 기분은 어떤가요?

 우리 집에서 내 의견이 받아들여졌던 때는 언제였나요?

 가족끼리 사용한 대화와 문장의 종류를 바르게 연결해 보세요.

(1) 누나가 그린 그림 정말 멋져!　　　・　　・ (가) 묻는 문장

(2) 그만 놀고 이제 네 방에 들어가・　　・ (나) 풀이하는 문장
　　숙제를 하거라.

(3) 이제 그만 먹자.　　　　　　　・　　・ (다) 권유하는 문장

(4) 뭐가 더 예뻐?　　　　　　　　・　　・ (라) 감탄하는 문장

(5) 엄마가 칭찬해 주셨어요.　　　　・　　・ (마) 시키는 문장

구연동화를
QR로 확인하세요.

가족의 소중함을 생각하며 '우리는 한편이야'를 읽어 봅시다.

우리는 한편이야

나는 빵 학년 성진호라고 합니다.

우리 누나가 초등학교에 입학하지 않은 아이들은 모두 빵 학년이라고 했어요. 그래서 나는 빵 학년이지요.

우리 누나는 1학년이고 이름은 성진경이랍니다.

누나는 나보다 한 살 더 많지만 키는 작아요. 그래서 누나 같은 느낌이 들지 않을 때가 있어요.

우리 아빠는 대학교 선생님이면서 텔레비전을 무척 좋아해요. 텔레비전을 볼 때 드시려고 퇴근할 때마다 슈퍼마켓에 들러 과자를 한 아름 사 와요. 뉴스 시간에는 '아빠!' 하고 불러도 대답을 하지 않아요.

아름 : 두 팔을 벌려 껴안은 둘레의 길이

밤 9시 뉴스가 끝나고 잠옷으로 갈아입을 때 엄마가 말했어요.

"당신, 오늘 내 생일인 거 정말 몰랐어요?"

그때서야 아빠가 두 눈을 끔벅끔벅하고는 말했어요.

"맞네, 오늘 당신 생일이네! 깜빡했지 뭐야. 이거 정말 미안해서 어쩌지?"

"진짜 오늘이 엄마 생일이에요?"

누나가 놀란 목소리로 물었어요. 엄마가 대답을 안 했어요.

"맞나 봐······."

내가 기어들어가는 목소리로 말했어요.

정말 엄마에게 미안했어요. 낳아 주고 길러 준 고마운 엄마의 생일을 잊어버려서요.

"얘들아, 그만 자자."

엄마 목소리가 곱지 않네요.

누나와 나는 얼른 우리 방으로 돌아왔어요.

누나가 말했어요.

"늦었지만 우리 엄마한테 선물하자."

"지금? 밤인데? 꽃집도 문 닫았고, 선물 가게도 문 닫았어."

"그래서 생각한 건데……. 있잖아, 우리가 진짜 장미꽃을 선물할 수 없으니까 조화를 선물하는 거야."

"장미꽃보다 조화가 더 예뻐?"

조화 : 종이, 천, 비닐 등을 재료로 하여 인공적으로 만든 꽃

누나가 주먹으로 가슴을 두드리는 시늉을 하며 말했어요.

"아이고, 답답해. 조화는 꽃 이름이 아니고 가짜 꽃이란 뜻이야."

"아, 알았다! 종이로 만든 꽃도 조화, 플라스틱으로 만든 꽃도 조화구나!"

"맞았어!"

누나가 칭찬해 주었습니다. 누나가 스케치북에 크레파스로 장미꽃을 그리기 시작했어요. 나는 누나가 그린 장미꽃에다 빨간 크레파스로 색칠을 했어요.

갑자기 누나가 말했어요.

"참, 아빠도 엄마한테 선물해야지."

누나가 거실로 나가 아빠 손을 잡아끌고 방으로 들어왔어요.

"아빠, 엄마한테 선물로 줄 반지를 그림으로 그리세요."

누나가 스케치북을 내밀며 명령하듯 말했어요.

"엄마는 가짜 반지 좋아하지 않을걸!"

아빠가 도리질을 했어요.

도리질 : 말귀를 겨우 알아듣는 어린아이가 어른이 시키는 대로 머리를 좌우로 흔드는 재롱. 도리머리

"우리 선생님께서 말씀하셨는데요, 선물은 마음으로 주고받는 거래요."

"맞는 말이지."

"그러니까 빨리 그리세요, 아빠."

누나의 성화에 아빠가 스케치북에 반지를 그리기 시작했어요.

나는 장미꽃 서른여섯 송이를 그리며 생각했어요.

솔직히 말해서 난 마음으로 주고받는 선물은 싫어요. 그런 선물은 만질 수도, 가지고 놀 수도 없잖아요. 내가 받고 싶은 선물은 새로 나온 게임기예요. 내 생일 때 엄마 아빠가 진짜 게임기를 안 사 주고 그림으로 그려 준다면……. 싫어요! 그건 절대 안 돼요.

다음날 아침, 나는 장미꽃 서른여섯 송이와 다이아몬드 반지가 그려진 그림을 엄마에게 주었어요.

"엄마, 생일 축하해요!"

엄마가 장미꽃 그림을 보며 '오호!' 하고 감탄을 했어요.

"엄마, 이 반지는 아빠가 주시는 선물이에요."

누나가 반지 그림을 가리켰어요. 반지 그림을 바라보는 엄마 표정이 알쏭달쏭했어요. 한쪽 입술은 웃고 한쪽 입술은 화가 난 것처럼 아래로 내려갔기 때문이에요.

알쏭달쏭: 생각이 자꾸 헷갈리어 분간할 수 있을 듯하면서도 얼른 분간이 안 되는 모양

나중에 보니까 누나와 내가 선물한 장미꽃 그림만 화장대 거울 옆에 압정으로 꽂혀 있었어요.

한밤중이었어요. 잠이 오지 않아 몸을 움직였더니 침대가 삐걱거렸어요.

"잠이 안 와?"

아래층 침대에서 누나가 물었어요.

"응."

"우리, 두더지 놀이 할래?"

"와, 좋아!"

나는 자리에서 후다닥 일어나 아래층으로 내려갔어요.

"조용히 놀아야 해. 엄마, 아빠 깨시니까……."

그때 부모님 방에서 엄마, 아빠 목소리가 좀 크게 들렸어요. 누나는 엄마와 아빠가 다투시는 모양이라고 했어요. 누나와 나는 걱정스러운 마음

으로 잠이 들었어요.

　다음날부터 엄마와 아빠는 정답게 이야기를 나누지 않았어요. 웃는 얼굴로 쳐다보지도 않았어요. 만약, 누나와 내가 싸워서 일주일 넘게 쳐다보지도 않고 말도 하지 않았다면 누나와 나는 엄청 혼났을 거예요.

　어쩌다 누나와 싸우면 엄마와 아빠는 누나에게 이렇게 말했어요.

　"엄마와 아빠가 없으면 진경이 네가 엄마, 아빠처럼 진호를 보살펴야 해. 그런 네가 동생하고 싸울 수 있어? 동생을 사랑하고 동생한테 양보해야지!"

　그리고 나에게는 이렇게 말했어요.

　"너보다 작아도 누나는 누나야! 누나를 깔보고 대들면 안 돼! 무슨 일이든 누나에게 먼저 양보해."

　우리에게 그렇게 말한 엄마, 아빠가 서로 사랑하지도 않고 양보도 안 해요.

양보 : 길, 자리, 물건 따위를 사양하여 남에게 미루어 줌

　저녁을 먹고 엄마와 아빠는 볼일을 보러 가신다고 나가셨어요. 엄마, 아빠가 나가시자마자 누나는 귀신 영화를 보자고 했어요.

　하얀 옷을 입고 머리카락을 길게 풀어 헤친 귀신이 나올 때마다 우리는 더 바짝 붙어 앉아 벌벌 떨었어요. 영화가 점점 더 무서워졌어요. 나도 모르게 손에 땀이 났어요.

　"누나, 무서워!"

　"우리가 귀신이 되면 안 무서울 거야. 귀신끼리는 한편이니까."

　누나가 자리에서 벌떡 일어나 안방으로 들어갔어요. 누나는 장롱에서 엄마의 하얀 속치마를 꺼내 입고 입술에 립스틱을 빨갛게 칠했어요. 머리를 풀어헤치고 손에는 빨간 고무장갑을 꼈어요. 진짜 귀신같았어요.

　"히히히! 히히히! 널 잡아먹을 테다!"

　정말 무서웠어요. 나도 누나처럼 귀신이 되고 싶었어요.

　"누나, 나도 귀신 되고 싶어."

　누나는 식탁보를 꺼내어 가운데를 머리가 들어갈 만큼 둥글게 잘라 냈어

요. 나는 엄마한테 야단을 맞을까 봐 걱정이 되었어요. 누나는 나에게 둥글게 오려 낸 식탁보를 머리에 뒤집어쓰게 했어요. 그리고 검은 스타킹을 여러 켤레 고무줄로 친친 묶어서 머리에 얹고, 빨간 립스틱을 입술과 턱에 발라 주었어요.

켤레 : 신·버선·장갑·방망이 등의 한 벌을 세는 말

그때였어요. 현관에서 무슨 소리가 나는가 싶더니 현관문이 덜컥 열렸어요. 엄마가 들어오다가 우리를 보고 소리를 질렀어요.

"어머머!"

그리고는 뒤따라 들어오던 아빠 품으로 달려들었어요. 엄마를 안은 아빠도 놀란 눈으로 우리를 쳐다보았어요.

"괜찮아! 괜찮아! 아이들이 노는 거야."

아빠가 엄마 등을 토닥거렸어요.

잠시 뒤, 가운데가 뻥 뚫린 식탁보를 들고 엄마가 야단을 쳤어요.

"너희들 뭐하는 거니?"

하지만 우린 기뻤어요. 아빠가 엄마를 꼭 안았으니까요. 화장실에서 립스틱을 지우며 누나에게 말했어요.

"누나, 엄마 아빠가 사랑했다!"

그날 밤 우리는 아주 기분 좋게 잠이 들었어요.

다음날 엄마 아빠가 우리를 부르셔서 거실로 나갔어요. 그랬더니 엄마 아빠가 헤어져 살기로 약속했으니 누구랑 살 것인가 선택하라고 하셨어요. 그래서 난 엄마, 누나는 아빠와 산다고 말씀드리고 우리 방으로 돌아왔어요. 누나와 나도 헤어져야 하니까 각자의 장난감을 나누어 담았어요. 그러면서 나는 누나와 떨어져 살 생각을 하니까 눈물이 나와 울었어요. 누나도 울었어요. 우리는 한 마음이 되어 눈이 퉁퉁 붓도록 울고 또 울었어요.

그때 누나가 눈물을 닦으며 말했어요.

"진호야, 너 엄마 안 따라가도 돼."

"왜?"

"엄마도 아빠처럼 직장에 나가시니까. 그래서 생각난 건데……."

누나가 잠시 말을 멈췄어요. 나는 누나 입만 바라보고 있었어요.

"우리, 엄마 아빠와 별거하자. 우리 둘이 사는 거야."

별거 : 부부나 한집안 식구가 따로 떨어져 삶

누나는 아빠를 따라가면 너무나 외로울 거라고 말했어요. 아빠는 아침 일찍 나갔다가 저녁 늦게 들어오잖아요. 엄마를 따라가는 나도 마찬가지라는 거예요. 엄마가 직장에 나가면 나 혼자 집을 지켜야 된다는 거예요. 얼마나 심심할까요? 그건 정말 싫어요.

직장 : 사람들이 일정한 직업을 가지고 일하는

누나가 물었어요.

"어때, 내 생각?"

나는 대답 대신 고개를 끄덕였어요.

"그럼 우리 다시 장난감 섞자."

누나와 나는 반으로 나눈 장난감을 다시 바구니에 와르르 쏟았어요.

갑자기 걱정이 생겼어요. 그래서 누나에게 말했어요.

"우리 둘이 살면 무서워서 어떻게 해? 그리고 밥은 어떻게 해 먹어? 누나는 밥 못하잖아?"

그때 누나가 놀라운 말을 했어요.

"강아지를 키우는 거야. 그러면 무섭지 않아."

"우와!"

"내가 말하면 틀림없이 세탁소 아줌마가 한 마리 주실 거야."

세탁소 : 돈을 받고 남의 빨래나 다림질 따위를 해주는 곳

"맞아!"

세탁소 아줌마 집에 털이 누런 커다란 개가 있는데 송이는 아빠개고 설이는 엄마개인데 한참 전에 설이가 새끼를 세 마리나 낳았어요. 누나는 그 강아지를 사기 위해 저금통을 깼는데 5만 2천원이 나왔어요. 우리는 서점에 가서 이 돈으로 2만 5천원 하는 요리책을 한 권 샀어요. 요리책이 다른 책보다 훨씬 비싸서 깜짝 놀랐어요.

무거운 요리책을 들고 세탁소 아줌마에게 갔어요. 누나가 2만 7천원을 세탁소 아줌마에게 주며 강아지 한 마리를 팔라고 하자, 아줌마는 첫마디에 좋다고 하시며 강아지 값은 받지 않겠대요.

"강아지만 잘 키우면 돼."

"아줌마, 고맙습니다."

누나와 나는 강아지를 안고 머리를 무릎까지 숙이며 인사를 했어요. 그런데 아빠와 엄마는 강아지를 너무나 싫어하기 때문에 집에 둘 수가 없어요. 마침 좋은 생각이 떠올랐어요. 엄마 아빠와 헤어져 우리 둘이 살게 될 때까지 강아지를 우리 본부에 두기로 했어요. 본부는 누나와 나만 아는 비밀 장소인데 우리 아파트 뒤에 있는 산을 조금만 올라가면 커다란 시멘트 관이 작은 개울을 따라 몇 개 묻혀 있는 곳이에요. 비가 많이 오면 물이 내

관 : 몸 둘레가 둥글고 길며 속이 빈 물건

려가지만 평소에는 바짝 말라 있어요. 내가 그곳에서 강아지를 데리고 있는 동안 누나는 집에 가서 종이 박스와 작은 담요, 강아지 먹이와 물을 담을 컵, 강아지가 가지고 놀 토끼 인형과 작은 공을 담아 가지고 왔어요. 그리고 강아지가 도망가지 못하게 묶을 빨간 비닐 끈도 가지고 왔어요.

누나와 나는 생각하고 또 생각해서 개 이름을 '송설'이라고 정했어요. 아빠개 이름인 '송이', 엄마개 이름인 '설이'에서 한 자씩 딴 거지요.

"엄마 아빠를 잊어버리지 말라고 지어 준 거야!"

누나 말을 들으니까 괜히 눈물이 나오려고 했어요. 강아지도 누나와 나처럼 엄마 아빠와 헤어져 살아야 하니까요. 누나와 나는 송설이를 데리고 늦게까지 놀다가 집으로 돌아왔어요. 밤이 되자 송설이가 자꾸자꾸 걱정되어 누나와 나는 잠옷 차림으로 손전등을 들고 살그머니 현관문을 열고 나와 엘리베이터를 타고 내려왔어요.

밤인데도 가로등 때문에 길이 훤했어요. 그래서 우리는 손전등을 켜고 본부로 올라갔어요.

손전등 : 건전지를 전원으로 하여 불이 들어오게 된 휴대용의 작은 전등

그런데 송설이는 온데간데없고 빨간 비닐 끈만 나무에 묶여 있었어요.

누나와 나는 엉엉 울며 집으로 돌아왔어요. 엄마 아빠가 깜짝 놀라 물었어요.

누나가 울면서 떠듬떠듬 말했어요. 먼저, 엄마 아빠와 같이 살지 않고 우리 둘만 살겠다고 말했어요. 그리고 우리 둘이 살면 무서우니까 세탁소 아줌마 집에서 송설이를 데려왔다고 말했어요. 물론 요리책 산 것도 말했지요. 그리고 엄마 아빠는 개를 싫어하니까 두 분이 별거할 때까지 송설이를 우리 본부에 두기로 했다고 말했어요. 엄마 아빠가 무척 놀란 모양이에요. 입만 벌리고 말을 안 해요. 엄마 아빠가 뭐라고 말하기도 전에 누나가 '엉엉' 울면서 말했어요.

"그런데 송설이가 없어졌어요. 어떻게 해요?"

"어떻게 하긴 어떻게 해. 빨리 찾아봐야지."

엄마 아빠 그리고 누나와 나는 밖으로 나와 골목을 돌아다녔지만 찾지 못하고 세탁소 아줌마께 사실을 말씀드렸어요. 그러자 아줌마는

"걱정하지 마시고 가서 주무세요. 어떻게 되겠지요."

우리 모두 힘없이 집으로 돌아왔어요. 아빠가 말했어요.

"강아지 찾는 전단을 만들어 골목골목 붙이자."

전단 : 선전 · 광고를 하기 위해 나누어 주는 종이쪽지

"그게 제일 빠르겠지요?"

엄마가 하얀 도화지에 강아지를 그리고 아빠는 그 밑에 '강아지를 찾습니다.'라고 적었어요.

아빠는 더 쓸 것이 없냐고 물었어요.

누나가 말했어요.

"아빠, '똥개'라는 말도 쓰세요. 그러면 우리 동네아이들이 다 알아요."

"똥개?"

아빠가 크게 웃으며 '똥개'라고 썼어요. 그리고 '찾아 주시는 분에게 사례하겠음'이라는 말도 썼어요.

사례 : 언행이나 물품으로 상대에게 고마운 뜻을 나타냄

다음날 아침 일찍 엄마 아빠와 함께 송설이를 찾는 전단을 붙이러 다녔

어요. 사람들이 제일 많이 지나다니는 슈퍼, 아이들이 많이 모이는 놀이터, 우리 본부가 있는 산책길…….

전단을 붙이는 일은 힘들었어요. 아픈 다리를 이끌고 세탁소로 갔어요.

그때, 아줌마 집 대문에서 송설이가 달려나오며 '멍멍' 짖는 게 아니겠어요? 나는 기절할 듯이 놀랐어요. 아줌마가 어젯밤에 송이와 설이에게 이렇게 말했대요.

"니 새끼 찾아오너라."

그런데 아침에 일어나 보니 송설이가 설이 옆에서 자고 있더래요. 아줌마가 말했어요.

"개가 사람보다 나아요. 지 새끼 찾아오는 거 봐요. 아, 요즘 자기가 낳은 자식도 나 몰라라 하는 사람이 얼마나 많아요. 그런 사람은 정말 개보다 못하지요. 안 그래요? 진경이 엄마!"

"네? 네……."

엄마 얼굴이 빨갛게 변했어요. 아빠가 헛기침을 몇 번 했어요. 세탁소 아줌마가 엄마 아빠에게 나쁜 말을 한 것도 아닌데 말이에요. 아빠가 말했어요.

"저, 송설이 데려가도 되겠습니까?"

"아, 그럼요. 제가 진경이에게 준 걸요."

"아빠, 나중에 진호하고 나하고 둘이 살 때, 그때 데리고 갈 거예요. 지금은 골치 아파서 안 돼요."

누나가 말했어요. 아줌마가 깜짝 놀란 얼굴로 다리미질을 멈추고 '무슨 뜻이니?' 하는 표정으로 쳐다보았어요.

"아, 아니에요. 아줌마, 지금 저희가 송설이 데리고 간다구요."

엄마가 재빨리 말했어요. 하늘이 노랗게 보였어요. 드디어 올 것이 오고야 말았어요. 지금 바로 엄마 아빠가 헤어지고 우리와 별거를 하는구나 하는 생각이 머릿속에서 뱅뱅 맴돌았어요. 그러니까 송설이를 데려가는 거지요.

"엄마 아빠, 이제부터 별거하는 거예요?"
내가 놀란 목소리로 물었어요.
"진호가 아침부터 뚱딴지같은 말을 하는구나. 자, 어서 집에 가자!"
뚱딴지 : ① 우둔하고 무뚝뚝한 사람 ② 행동이나 사고방식 따위가 엉뚱한 사람
아빠가 누나와 내 등을 밀며 빠르게 말했어요.
"아줌마, 송설이 좀 잡아 주세요. 제가 안고 갈게요."
"그러시구려!"

아줌마가 송설이를 잡아 엄마에게 주었어요. 엄마가 송설이를 가슴에 꼭 안았어요.

"꼭 우리 진경이, 진호 어렸을 때 안은 느낌이네요."

엄마가 아줌마를 보며 말했어요.

"생명이 있는 것은 무엇이나 다 그래요."

생명 : 목숨

아줌마가 말했어요. 나는 뭐가 뭔지 모르겠어요. 개를 싫어하는 엄마가 송설이를 안다니요. 나는 속이 탔어요. 그래서 집으로 돌아오면서 누나에게 작은 목소리로 물었어요.

"누나, 집에 가면 엄마 아빠와 별거하는 거야?"

"아닐걸!"

엄마 아빠는 송설이를 보며 뭐라고 정답게 말을 하며 걸어오고 있었어요. 엄마 아빠는 누나 말처럼 별거하자는 약속을 잊어버렸나 봐요. 원래 우리 아빠는 건망증이 심하거든요. 나는 속으로 좋아했어요. 나쁜 약속은 빨리 잊어버리는 게 낫잖아요.

건망증 : 기억력의 장애로 보고 들은 것을 금방 잊어버리거나, 어떤 시기 이전의 일을 기억하지 못하는 등의 증상

"송설이 찾았으니까 전단 떼러 가자."

누나가 달려가며 말했어요.

"누나, 같이 가!"

나는 누나 뒤를 따라가며 소리쳤어요.

"얘들아, 넘어진다."

엄마 목소리가 뒤따라 왔지만 상관하지 않았어요. 아직까지 누나와 나는 달리다가 넘어진 적이 한 번도 없었으니까요.

1 엄마의 생신에 진호네 가족은 어떤 선물을 하였나요?

2 엄마가 가족의 선물을 받고 한쪽 입술은 웃고 한쪽 입술은 화가 난 것처럼 아래로 내려간 까닭은 무엇인가요?

3 일이 일어난 차례대로 번호를 쓰세요.

(1) 엄마 생신 선물 준비 (2) 나와 누나만 같이 살기로 하고 요리책과 강아지 준비
(3) 행복한 가족으로 돌아옴 (4) 강아지의 새끼 사랑 (5) 한밤중 두더지 놀이
(6) 강아지 잊어 버림 (7) 엄마 외출하셨을 때 유령놀이 (8) 부모님의 별거 약속

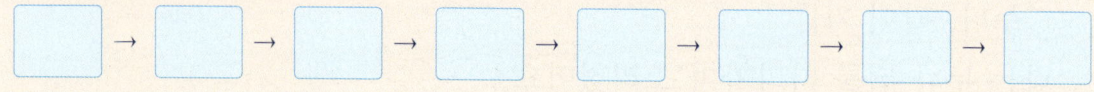

4 엄마 아빠가 별거를 한 후를 생각하며 누나와 내가 단 둘이 살기 위하여 한 일들은 무엇인가요?

5 강아지의 이름을 송설이라고 한 이유는 무엇인가요?

1 '누구랑 살 것인가 선택하라시는 부모님'

다음날 엄마 아빠가 우리를 부르셔서 거실로 나갔어요. 그랬더니 엄마 아빠가 헤어져 살기로 약속했으니 누구랑 살 것인가 선택하라고 하셨어요.

우리의 의견은 묻지도 않고 마음대로 결정한 엄마 아빠께 진호가 되어 드리고 싶은 말을 적어 보세요.

....
....
....

2 '엄마 아빠와 별거하고 우리 둘이 살자!'

"엄마도 아빠처럼 직장에 나가시니까. 그래서 생각난 건데……."
누나가 잠시 말을 멈췄어요. 나는 누나 입만 바라보고 있었어요.
"우리, 엄마 아빠와 별거하자. 우리 둘이 사는 거야."

우리들끼리 살자는 누나의 말에 진호의 대답을 적어 보세요.

....
....
....

1 진호의 어머니는 자신의 생일을 기억하지 못한 남편에게 섭섭한 마음을 이야기 했어요. 내가 진호의 엄마라면 가족들이 내 생일을 까맣게 잊고 있을 때 어떻게 했을까요?

2 밤늦게 새끼를 찾아와 곁에 재운 어미 개에 대해 어떻게 생각하나요?

3 생일은 엄마 아빠가 나를 이 세상에 태어나게 하시느라고 수고하신 날이에요. 생일은 어떻게 보내는 것이 좋을지 써 보고 친구들 앞에서 발표해 보세요.

글숲 여행을 마치며

1 가족의 소중함을 다시 한번 느끼게 하는 이야기였죠. 우리 가족과 함께 화목한 가정이 되기 위하여 우리 가족이 나에게 바라는 일이 무엇인가 인터뷰 해 보세요.

순서	인터뷰 한 사람	나에게 바라는 일
(1)		
(2)		
(3)		
(4)		

글숲 여행을 마치며

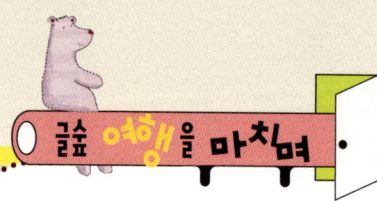

2 아래 보기와 같이 우리 집의 가훈을 만들고 예쁘게 꾸며 보세요.

> 정직한 사람이 되자. / 사랑 / 꿈은 이루어진다.
> 매사에 최선을 다하자. 등

가훈을 쓰고 색연필이나 싸인펜, 색종이, 헌 잡지 등을 이용하여 꾸미기

올리버 트위스트

1. 만일 부모님들이 안 계신다면 어린 아이들을 주로 누가 기르게 되나요? 주변을 돌아보며 예를 들어 적어 보세요.

2. 일종의 절도 행위로 상대방이 알아차리지 못하게 돈이나 금전적 가치가 있는 것을 훔치는 행동을 무엇이라고 하나요?

3. 어떤 일로 오해를 받아 아무리 나의 진심을 이야기 하려해도 받아들여지지 않는다면 참으로 난감하겠지요. 그런 경험이 있거나 본적이 있으면 적어 보세요.

구연동화를 QR로 확인하세요.

이야기 속 인물의 마음을 생각하며 '올리버 트위스트'를 읽어 봅시다.

올리버 트위스트

올리버 트위스트는 고아원에서 살았어요.
고아원 : 부모가 없는 아이들을 거두어 기르는 사회사업 기관
어머니는 올리버를 낳자마자 죽었대요.
아버지는 누구인지 이름도 모르고요.
올리버는 늘 춥고 배고팠지만 착한 아이로 자랐어요.
쿵쾅쿵쾅, 쨍그랑!
"저리 비켜! 내가 먼저야!"
"아냐, 내가 먼저라니까!"
하루에 딱 한 번, 죽을 먹는 시간이면 고아원은 시끌시끌했어요.
고아원 아이들은 늘 배가 고팠거든요.
하루는 올리버가 말했어요.
"원장 선생님, 배가 고파요. 죽 한 그릇만 더 주세요."
"뭐라고? 버릇없는 놈. 한 그릇이면 됐지! 또다시 그런 말을 하면 아예 굶겨 버리겠어."
올리버는 엉엉 울면서 고아원을 뛰쳐나왔어요.
올리버는 쫄쫄 굶으면서 며칠을 걸었어요.
그러다가 사람들이 많이 사는 큰 도시에 왔지요.
하지만 올리버를 도와주는 사람은 한 사람도 없었답니다.
그때, 누더기 옷을 입은 남자 아이가 다가왔어요.
누더기 : 해지거나 뜯어진 곳에 다른 천을 대어 누덕누덕 기운 헌옷
"야, 꼬마야! 너 배고프지? 나랑 같이 갈래?"
배가 몹시 고팠던 올리버는 처음 보는 남자 아이를 무작정 따라갔지요.

남자 아이는 올리버를 다 쓰러져 가는 집에 데려갔어요.

그곳에는 올리버 또래 아이들이 많았어요.

우락부락하게 생긴 아저씨도 있었지요.

우락부락 : 몸집이 크고 얼굴이 험상궂은 모양

"이번에는 착하게 생긴 꼬마를 데려왔군. 꼬마야, 내가 시키는 일만 잘하면 먹을 걸 줄게."

올리버는 아저씨와 아이들이 무슨 일을 하는지도 모른 채 그 집에서 며칠을 지냈답니다.

어느 날, 올리버는 아이들과 함께 거리로 나갔어요.

한 아이가 지나가는 아저씨 주머니에서 지갑을 꺼내자 다른 아이들이 후다닥 뛰기 시작했지요.

올리버는 온몸이 후들후들 떨렸어요.

"도둑이야! 도둑 잡아라!"

지갑을 훔친 아이들은 다 도망가고 올리버만 잡혔지요.

"저는 훔치지 않았어요. 제 말을 믿어 주세요."

올리버는 울먹이며 말했어요.

하지만 경찰들은 올리버 말을 믿지 않았지요.

지갑 주인인 브라운 아저씨는 올리버 눈을 가만히 들여다보았어요.

"거짓말을 하는 아이가 아닌 것 같군. 풀어 주세요."

아저씨는 올리버를 믿어 주었어요.

브라운 아저씨는 올리버를 자기 집으로 데려갔어요.

아저씨는 크고 넓은 집에서 하인들과 함께 살고 있었지요.

올리버는 배부르게 밥을 먹었어요.

올리버는 태어나서 처음으로 따뜻한 집에서 잠을 잤답니다.

하루는 올리버가 아저씨 심부름으로 책방에 가고 있었어요.

책방 : 책을 팔거나 사는 가게

"어이, 올리버! 부잣집 아드님으로 변하셨네. 하마터면 널 못 알아볼 뻔했어."

누군가 올리버 등을 툭 치며 말했어요.
바로 거리에서 도둑질을 하는 아이들이었지요.
올리버는 다시 도둑 소굴로 끌려갔어요.

소굴 : 나쁜 짓을 하는 도둑이나 악한 따위의 무리가 활동의 본거지로 삼고 있는 곳

도둑 대장 아저씨가 올리버를 기다리고 있었지요.
"도둑질을 하려면 너같이 작고 착하게 생긴 애가 필요해."
"전 아무리 배가 고파도 도둑질 같은 건 안 해요. 아저씨, 제발 부탁이에요. 친절한 브라운 아저씨의 책과 돈은 돌려드려야 해요."
"시끄러워! 이 녀석이 아직 정신을 못 차렸군."

도둑 대장 아저씨는 굵은 방망이로 올리버를 때렸어요.
깜깜한 밤중이에요.
도둑 대장 아저씨와 아이들은 골목길을 살금살금 걸어갔어요.
모두 브라운 아저씨 집으로 도둑질을 하러 가는 길이에요.
올리버는 온몸이 후들후들 떨렸어요.
땅속으로 사라져 버리고 싶었지요.
도둑 대장 아저씨는 올리버에게 창문으로 들어가 문을 열라고 했어요.
'내가 먼저 들어가서 소리라도 질러야겠어.'
올리버는 덜덜 떨면서 생각했어요.
그때였어요.
창문 여는 소리가 들리더니 환하게 불이 켜졌어요.
"도둑이다, 도둑이야!"
도둑들은 다 도망가고, 또 올리버만 남았지요.
올리버는 다시 브라운 아저씨를 만났어요.
"아저씨, 잘못했어요. 전 무슨 일이 있어도 도둑질 같은 건 안 한다고 했는데 억지로 끌려왔어요."
"올리버, 이건 네 잘못이 아니야. 괜찮아."
아저씨는 올리버를 꼭 안아 주었지요.
아이들에게 도둑질을 시키던 나쁜 아저씨는 감옥에 갔어요.

감옥 : 죄인을 가두어 두는 곳. '교도소'의 전 이름

그 사이 브라운 아저씨는 아주 놀라운 사실을 알아냈어요.
올리버의 아버지가 브라운 아저씨랑 친구였대요.
"올리버야! 네 아버지가 죽으면서 잃어버린 아들을 꼭 찾아 달라고 했어. 그 아이가 바로 너야. 아버지는 널 보지도 못하고 죽었지만 널 무척 사랑하셨단다. 이제 넌 내 아들이야, 올리버!"
올리버는 브라운 아저씨와 오래오래 행복하게 살았답니다.

1 올리버는 왜 고아원에서 살게 되었나요?

2 올리버는 왜 고아원을 뛰쳐나왔나요?

3 도시로 나와서 너무나 배가 고픈 올리버는 처음 보는 남자 아이를 무작정 따라갔습니다. 그가 데려간 곳은 어디였나요?

4 브라운 아저씨는 올리버에게 여러 가지 은혜를 베풀었습니다. 그가 베푼 은혜는 무엇이었나요?

1. '죽 한 그릇 더 얻어먹으려다 혼이 난 올리버'

"원장 선생님, 배가 고파요. 죽 한 그릇만 더 주세요."
"뭐라고? 버릇없는 놈. 한 그릇이면 됐지! 또다시 그런 말을 하면 아예 굶겨 버리겠어."

올리버는 배도 고프고 부모님 생각이 나서 많이 슬픕니다. 올리버가 되어 그날 밤의 일기를 써 봅시다.

2. '부디 불쌍한 내 아들을 찾아주게'

아들을 잃어버리고 상심해있던 아버지는 끝내 병을 얻어 죽으면서 친구에게 아들을 찾아달라고 부탁합니다. 올리버의 아버지가 되어 브라운 씨에게 편지를 써 봅시다.

1 올리버가 배고프다고 하소연하자 원장은 버릇이 없다 꾸중하며 한 번만 더 그런 말을 하면 아예 굶겨버리겠다고 으름장을 놓습니다. 내가 원장이라면 어떻게 했을지 적어 보세요.

2 브라운 아저씨는 도둑으로 몰린 올리버를 두 번이나 구해주고 집으로 데려가 키워줍니다. 브라운 아저씨에게 어떤 생각이 드는지 적어 보세요.

글숲 여행을 마치며

브라운 아저씨처럼 '그럼에도 불구하고~' 이해하고 포용할 때 진정한 사랑이라고 말할 수 있겠지요. 진정한 사랑을 실천한 브라운 아저씨께 마음을 담아 편지를 써 봅시다.

선녀와 나무꾼

1. '선녀'와 '나무꾼'이라고 하면 떠오르는 생각이나 느낌을 적어 보세요.

(1) 선녀	(2) 나무꾼

2. 친구의 소중한 물건을 몰래 가져간 사람의 마음이 어떠할지 적어 보세요.

3. 나의 거짓말 때문에 친구가 어려움에 처했다면 친구는 나에게 어떻게 할까요?

구연동화를 QR로 확인하세요.

인물이 한 행동을 생각하며 '선녀와 나무꾼'을 소리 내어 읽어 봅시다.

선녀와 나무꾼

옛날, 어느 산골 마을에 나무꾼이 홀어머니를 모시고 살고 있었어요.
나무꾼: 땔감으로 쓰이는 나무를 베거나 줍는 일을 하는 사람
나무꾼은 나무를 해다 팔면서 힘들게 살아가느라 늦도록 장가를 못 갔어요. 그래서 어머니는 장가 못 간 아들이 늘 안타까웠습니다.
장가: 남자가 아내를 맞는 일
어느 날, 나무꾼이 산에서 나무를 하고 있는데, 사슴 한 마리가 숨을 헐떡이며 뛰어왔어요.

"나무꾼님, 저 좀 숨겨 주세요. 사냥꾼이 쫓아와요."
사냥꾼: 사냥하는 사람. 또는 사냥을 직업으로 하는 사람
"저런, 얼른 이리로 숨거라."

나무꾼은 쌓아 놓은 나무 더미 뒤에 쫓기고 있던 사슴을 숨겨 주었어요.
더미: 많은 물건이 한데 모여 쌓인 큰 덩어리
곧이어 사냥꾼이 뒤쫓아 왔어요.

사냥꾼은 주위를 살피더니 나무꾼에게 물었어요.

"방금 이 쪽으로 도망가는 사슴 한 마리 못 보았소?"

나무꾼은 시치미를 뚝 떼며 말했어요.
시치미: 알고도 모르는 체, 자기가 하고도 하지 않은 체하는 말이나 짓
"아, 사슴이라면 아까 저 쪽 산 아래로 달아났어요."

사냥꾼은 고맙다는 인사도 없이 뒤도 돌아보지 않고 나무꾼이 가리키는 쪽으로 뛰어가 버렸어요.

"사냥꾼이 갔으니 이제 나오렴."

사슴은 밖으로 나와 고개를 숙이며 말했어요.

"정말 고맙습니다. 은혜를 갚고 싶은데, 아저씨 소원이 뭐예요?"

"착한 색시와 결혼해서 행복하게 사는 거야."

그러자 사슴이 산꼭대기를 가리키며 말했어요.

"오늘 밤 산꼭대기에 있는 연못으로 가 보세요. 보름달이 뜨면 선녀들이 하늘에서 내려와 목욕을 할 거예요. 그러면 선녀들이 벗어 놓은 날개옷 한 벌을 몰래 감춰 놓으세요. 날개옷이 없는 선녀는 하늘로 올라가지 못하니, 그 선녀를 색시로 삼아 행복하게 사세요."

보름달 : 음력 보름날에 뜨는 둥근 달

사슴은 숲으로 돌아가기 전에 마지막으로 다짐하듯 말했어요.

"참, 선녀가 아이 셋을 낳을 때까지는 절대로 날개옷을 보여 주시면 안 돼요. 아셨죠!"

그날 밤, 나무꾼은 사슴이 알려 준 산꼭대기에 올라가 연못가 바위 뒤에 몸을 숨겼어요.

드디어 보름달이 환하게 떠오르자, 날개옷을 입은 선녀들이 연못으로 내려왔어요.

선녀들은 정말 아름다웠어요.

나무꾼은 가슴이 떨려 한동안 꼼짝도 할 수 없었지요.

그러다 겨우 용기를 내어 날개옷 한 벌을 몰래 감추었어요.

벌 : 옷을 세는 단위

"달이 곧 지겠어. 어서 올라갈 준비를 하자."

목욕을 끝낸 선녀들이 서둘러 날개옷을 입었어요.

"어머, 언니들! 내 날개옷이 없어졌어요."

선녀들이 다함께 연못가를 샅샅이 뒤졌지만, 막내 선녀의 날개옷을 찾지 못했어요.

"안 되겠다. 더 늦으면 하늘 문이 닫힐 거야. 막내야, 우리 먼저 갈 테니 넌 내일이라도 날개옷을 찾으면 입고 오렴. 옥황상제님께는 우리가 잘 얘기할게."

언니 선녀들이 하늘로 올라가 버리자 혼자 남은 선녀는 날개옷을 찾지 못하고, 바위에 주저앉아 훌쩍훌쩍 울었어요.

그때, 나무꾼은 미리 준비해 온 옷을 선녀에게 건네주며 말했어요.

"무슨 사정이 있는지는 모르겠지만 갈 곳이 없다면 저희 집으로 가시지요."

선녀는 나무꾼을 따라 집으로 갔어요.

얼마 후, 선녀와 나무꾼은 결혼을 했어요.

예쁜 선녀를 아내로 맞은 나무꾼은 전보다 더 열심히 일해서 끼니 걱정은 안 해도 되었지요.

선녀는 이듬해에 예쁜 딸을 낳고, 그 이듬해에는 떡두꺼비 같은 아들을 낳았어요.

떡두꺼비 : 복스럽고 탐스럽게 생긴 갓 태어난 사내아이를 이르는 말

나무꾼도 선녀도 모두 행복했지요.

그런데 언제부턴가 선녀는 남몰래 한숨을 쉬는 일이 많아졌어요.

"왜 그래요? 무슨 걱정이 있어요?"라고 나무꾼이 묻자, 선녀가 눈물을 글썽이며 말했어요.

"하늘나라에 계신 아버지와 언니들이 너무 보고 싶어요."

나무꾼은 선녀가 어찌나 가엾던지 가슴이 아팠어요.

며칠을 고민하던 나무꾼은 깊이 감춰 둔 날개옷을 꺼냈어요.

그리고 조심스레 선녀에게 보여 주며, 지난날 잘못에 대해 용서를 빌었어요.

"아, 내 날개옷! 서방님, 딱 한 번만 날개옷을 입어보고 싶어요."

나무꾼은 눈물로 사정하는 선녀를 모른 체할 수 없었어요.

그래서 결국 날개옷을 건네주었어요.

선녀는 날개옷을 입고 양팔에 한 명씩 두 아이를 안은 다음, 하늘로 날아 올라갔어요.

모두 눈 깜짝할 사이에 일어난 일이라 나무꾼이 말릴 겨를도 없었지요.

나무꾼은 선녀와 아이들이 보고 싶어서 견딜 수가 없었어요.

슬픔에 잠겨 지내는 나무꾼에게 어디선가 사슴이 찾아왔어요.

"선녀들은 인제 연못에 목욕을 하러 오지 않아요. 대신 두레박으로 물을 퍼다 목욕을 한답니다. 오늘이 마침 보름달이 뜨는 날이니, 연못가에서 기다리다 하늘에서 두레박이 내려오면 얼른 타고 올라가세요."

두레박 : 줄을 길게 달아 우물물을 긷는 기구

그날 밤, 나무꾼은 두레박을 타고 하늘나라로 올라갔어요.

하늘나라에 올라온 나무꾼은 선녀와 노는 아이들을 보았어요. 얼마나 반갑던지, 네 식구는 얼싸안고 눈물을 흘리며 기뻐했어요. 나무꾼은 하늘나라에서 행복한 나날을 보냈어요.

단지, 홀로 남겨 두고 온 어머니가 늘 마음에 걸렸지요.

선녀는 그런 나무꾼의 마음을 알고 있었어요.

하루는, 선녀가 날개 달린 말 한 필을 데려왔어요.
　　　　　　　　　　　필 : 소나 말 따위를 세는 단위를 나타내는 말
"서방님, 이 말을 타고 내려가 어머님을 뵙고 오세요. 하지만 절대로 말에서 내리면 안 돼요."

나무꾼은 날개 달린 말을 타고 날아 금세 자기 집 마당에 들어섰어요.

"어머니, 어머니!"

어머니는 아들 목소리에 버선발로 뛰어나와 반겨 주었어요.
　　　　버선발 : 버선만 신고 신발은 신지 않은 발
"아니, 어딜 갔다 이제 오는 게야. 또 이 이상한 말은 뭐고?"

나무꾼은 그동안 있었던 일들을 자세히 이야기했어요.

"죄송해요, 어머니. 전 이제 그만 가 봐야 돼요."

"벌써? 그럼 네가 좋아하는 호박죽을 쑤어 놨으니 한 그릇 먹고 가거라."

어머니는 얼른 부엌으로 가 뜨거운 호박죽을 가져왔어요. 나무꾼은 말 위에 앉은 채 호박죽을 맛있게 먹었어요.

그런데 그만, 말 등에 뜨거운 죽을 쏟고 말았어요.

깜짝 놀란 말이 히히힝 날뛰는 바람에 나무꾼은 땅바닥으로 털썩 떨어졌어요.

말은 나무꾼을 남겨 두고 하늘로 올라가 버렸답니다.

그 날부터 나무꾼은 잠도 못 이루고 먹지도 못하고 시름시름 앓았어요.

일어나 앉을 힘도 없어 누운 채로 하늘만 바라보며 헛소리를 했지요.

"꼭 가요, 꼭! 꼭!"

그러다 나무꾼은 결국 세상을 떠나고 말았어요.

나무꾼은 죽은 뒤에 수탉으로 다시 태어났대요.
　　　　수탉 : 닭의 수컷
아내와 아이들이 그리워 하늘을 올려다보며

"꼭 가요, 꼭! 꼭!" 하고 우는 소리가 우리한테는 "꼬끼오, 꼬꼬!" 하고 들리는 거랍니다.

1. 나무꾼은 왜 늦도록 장가를 가지 못하였나요?

2. 사슴이 나무꾼에게 꼭 지켜야 한다고 한 것은 무엇인가요?

3. 나무꾼이 선녀에게 날개옷을 준 까닭은 무엇인가요?

4. 선녀는 나무꾼이 꺼내어 준 날개옷을 받고 어떻게 하였나요?

5. 선녀와 헤어진 나무꾼에게 사슴은 어떻게 하라고 하였나요?

6. 나무꾼은 하늘의 선녀와 아이들을 그리워하다 죽은 후 무엇으로 변했나요?

1 '날개옷을 건네주다니…….'

> "아, 내 날개옷! 서방님, 딱 한 번만 날개옷을 입어보고 싶어요."
> 나무꾼은 눈물로 사정하는 선녀를 모른 체할 수 없었어요.
> 그래서 결국 날개옷을 건네주었어요.

😊 나무꾼이 되어 사슴과의 약속을 어기고 날개옷을 준 까닭을 적어 보세요.

....

....

2 '나무꾼이 불쌍하지 않나요? 어떻게 아이들만 데리고 …….'

> 선녀는 날개옷을 입고 양팔에 한 명씩 두 아이를 안은 다음, 하늘로 날아 올라갔어요. 모두 눈 깜짝할 사이에 일어난 일이라 나무꾼이 말릴 겨를도 없었지요.

😊 착한 나무꾼을 두고 왜 아이들만 데리고 하늘로 올라갔는지 선녀가 되어 이유를 적어 보세요.

....

....

....

○ 이야기를 통해 인물의 마음을 알아 보고 내 생각을 친구들 앞에서 발표해 보세요.

> "아이 셋을 낳을 때까지 날개옷을 주지 말라고 했는데…."
> 오늘도 아내는 하늘나라의 가족을 그리워하며 눈물을 흘린다.

(1) 나무꾼의 마음은
....
.... 것이다.

그렇게 생각한 까닭 :
....
....
....

> 선녀는 나무꾼에게서 날개옷을 건네받자, 눈 깜짝할 사이에 날개옷을 입고 아이를 데리고 하늘나라로 올라가 버렸다.

(2) 선녀의 마음은
....
.... 것이다.

그렇게 생각한 까닭 :
....
....
....

글숲 여행을 마치며

1. 나무꾼은 선녀의 옷을 감추어서 하늘로 갈 수 없게 한 다음 색시로 삼았는데 나무꾼의 이런 행동에 대한 나의 의견을 적어 보세요.

(1) 나의 의견 :

(2) 그렇게 생각한 까닭 :

2. 땅 위에서 사는 가난한 나무꾼과 하늘의 공주인 선녀가 결혼을 했는데 나무꾼의 결혼생활이 행복했을지 아니면 어렵고 힘들었을지 상상해 보고 나의 생각을 써 보세요.

(1) 나의 의견 :

(2) 그렇게 생각한 까닭 :

3 나무꾼이 사슴과의 약속을 지켜 선녀에게 날개옷을 주지 않았다면 어땠을까요? 이어지는 이야기를 상상하여 써 보세요.

마녀의 빵

※ 다음 글을 읽고 물음에 답하세요.

지난 몇 달 동안, 온 동네 담에 계속 되는 '최미영, 최미영, 최미영······.'이란 낙서의 범인을 찾아 달라는 동네사람들의 신고에 따라 잠복근무를 하여 잡은 범인에게 경찰관이
"현우야, 왜 이런 장난을 했지?"라고 묻자
"많은 사람들이 엄마 이름을 같이 보고 불러주면 엄마 아픈 거, 힘내서 나을 것 같아서 그랬어요. 정말 죄송합니다."라고 대답하였다.

 현우의 간절한 바람은 무엇인가요?

 현우의 행동에 대한 나의 의견을 적어 보세요.

(1) 현우의 행동에 대한 나의 생각	(2) 나라면 어떻게 하였을까요?

구연동화를 QR로 확인하세요.

인물의 행동을 생각하며 '마녀의 빵'을 읽어 봅시다.

마녀의 빵

마사는 길모퉁이에 있는 조그만 빵 가게의 주인입니다. 나이가 좀 많았지만 아직 결혼을 하지 않은 마사는 은행에 많은 돈을 저금하여 두었고 마음씨도 착하고 정도 많습니다.

마사의 가게에 일주일에 두세 번씩 들르는 남자 단골손님이 있는데 마사는 점점 이 손님에게 관심이 가기 시작하였습니다. 그 손님은 마흔 살 정도 되어 보였으며 안경을 썼습니다. 옷은 약간 낡은 것 같았지만 언제나 단정해 보였고 무척 예의바른 사람이었습니다. 그런데 그 손님은 항상 며칠이 지난 묵은 빵만 사 갔습니다. 묵은 빵은 갓 구워낸 빵보다 반 정도 값이 쌌습니다.

단골손님 : 늘 정해 놓고 거래하는 손님

언제인가 마사는 그 손님의 손가락에 빨간색과 갈색의 물감이 묻어 있는 것을 보았습니다. 그래서 마사는 대뜸 그 손님이 화가이며 몹시 가난할 것이라고 생각하였습니다. 그 손님은 어느 조그만 방에서 묵은 빵을 먹으며 그림을 그리고, 마사의 가게에 있는 맛있는 빵들을 떠올릴 것이라고 생각하였습니다. 마사는 두툼한 고기 조각과 잼이나 찻잔을 식탁에 차려 놓을 때면 그 점잖은 화가가 떠올랐습니다. 조그마하고 추운 방에서 혼자 묵은 빵을 먹는 대신 자기와 식탁에 앉아 이 맛있는 음식을 함께 먹으면 얼마나 좋을까 하고 생각하였습니다.

화가 : 그림 그리기를 직업으로 하는 사람
묵은 : 일정한 때를 지나서 오래되다

어느 날 마사는 그 손님이 화가인지 아닌지 시험해 보기로 하였습니다. 경매에서 산 그림을 가게의 벽에 걸어 놓았습니다. 그 그림은 풍경화였습

풍경화 : 자연의 경치를 그린 그림
경매 : 같은 종류의 물건을 파는 사람이 여럿일 때, 가장 싸게 팔겠다는 사람에게서 물건을 사들이는 일

니다. 그 손님의 직업이 화가라면 그림을 금방 알아볼 것이라고 생각하였습니다.

이틀 뒤에 그 점잖은 손님이 빵을 사러 가게에 왔습니다.

"미안하지만 묵은 빵 두 개를 부탁합니다."

그리고 손님은 마사가 빵을 싸고 있는 동안에

"좋은 그림이군요."라고 말하였습니다.

"그래요?"

마사는 자기의 계획이 단번에 이루어졌으므로 아주 기분이 좋아져 말하였습니다.

"전 그림을…… 그러니까……(아니, 너무 쉽게, 그리고 이렇게 빨리 화가라는 말을 써서는 안 되지.) 그림을 퍽 좋아하는 편이에요."

마사는 그 손님의 눈치를 보며 한마디 더 하였습니다.

"그런데 이 그림이 정말 좋은 그림이라고 생각하세요?"

"썩 좋은 그림은 아니군요. 바라보는 방향과 건물의 모양이 잘못되었어요. 자, 그럼 아주머니, 안녕히 계세요."

그 손님은 빵을 받아들자 인사하기가 바쁘게 나가 버렸습니다.

'그래. 저 사람은 틀림없이 화가야. 첫눈에 그림의 잘못된 점을 찾아내는 걸로 봐서 틀림없이 천재화가야. 아, 그런데 저런 천재가 묵은 빵을 먹으면서 그림을 그려야 하다니……. 하지만, 천재들이란 원래 인정받기까지 숱한 고생을 겪기 마련이지. 나는 저금해 놓은 돈도 많고 빵 가게도 가지고 있으니 그분을 도울 수 있으면 얼마나 좋을까?'

천재 : 선천적으로 타고난 뛰어난 재주. 또는 그런 재능을 가진 사람

요즈음 그 손님은 가게에 들르면 진열대를 사이에 두고 마사와 몇 마디 말을 나누고는 합니다. 마사의 명랑한 말을 좋아하는 것 같았습니다. 그런데 그 손님은 여전히 묵은 빵을 사 갔습니다. 가게에는 맛있는 빵과 과자가 많은데도 말입니다. 마사의 눈에는 그 손님이 점점 여위어 가고 기운이 없

어 보였습니다. 마사는 그가 걱정이 되었습니다. 그 손님이 사 가는 묵은 빵에 맛있는 무엇인가를 보태어 주고 싶었지만 용기가 나지 않았습니다.

자존심 : 남에게 굽히지 않고 스스로 높이는 마음

예술가는 자존심이 강하다는 것을 잘 알고 있기 때문입니다. 언제부터인가

예술가 : 예술 작품을 창작하거나 표현하는 사람 예술인

마사는 물방울무늬가 예쁘게 놓인 파란색 블라우스를 입었습니다. 좋은 향기가 나는 화장품도 손수 만들어 쓰기 시작하였습니다.

　여느 때처럼 오늘도 그 손님은 가게에 와서 계산대에 돈을 올려놓고 묵은 빵 두 개를 주문하였습니다. 마사가 빵을 꺼내려고 진열대로 가려는데 갑자기 밖에서 요란한 사이렌이 울렸습니다. 가게 밖 거리에 사람들이 모

사이렌 : 신호나 경보 따위를 알리기 위해 소리를 내는 장치

여들었고 곧 소방차가 지나가는 것이 보였습니다. 그 손님이 문가에서 떨어져 천천히 마사 쪽으로 왔을 때 마사는 벌써 빵을 포장하고 있었습니다.

　손님이 가고 나자 마사는 혼자서 방긋 미소 지었지만 그 손님이 자신의 행동을 보았을까 가슴이 두근거렸습니다. 마사는 자신의 행동을 되돌아보았습니다.

　'너무 앞서 간 건 아닐까? 그 화가는 화를 내지 않을까? 아니, 그럴 리는 없을 거야. 버터를 넣어 준 것뿐인데 뭘…….'

　마사는 온종일 그 일만 생각하며 지냈습니다. 그리고 그 손님이 마사의 마음을 알아챘을 순간을 상상하였습니다.

　'그 분은 그림 도구를 방에 내려놓겠지. 방 안에는 멋진 그림이 있을 거야. 곧 딱딱하게 굳은 빵과 물을 가져다 점심 준비를 하겠지. 그리고 빵을 얇게 썰겠지. 아아! 마사는 얼굴이 붉게 달아올랐습니다. 그 분은 빵을 먹으면서 그 속에 버터를 넣어 준 내 마음을 생각해 줄까? 그분은…….'

　그때 갑자기 가게의 문이 거칠게 열렸습니다. 그리고 누구인가가 몹시 요란스럽게 가게 안으로 들어오려고 하는 것이었습니다. 마사는 서둘러 가게 입구로 다가갔습니다. 두 명의 남자가 들어왔습니다. 한 사람은 전혀 본 적이 없는 젊은 남자이고, 다른 한 사람은 마사 가게의 단골손님으로 마사

가 상상하고 있는 그 화가였습니다.

시뻘게진 얼굴로 화가의 머리는 덥수룩하게 헝클어져 있었습니다. 그 사람은 주먹을 꼭 움켜쥐고 마사를 향하여 흔들었습니다.

"이런 마녀 같은 여자야!"

하고 마사가 들어본 적이 없을 만큼 엄청나게 큰 목소리로 소리쳤습니다. 같이 온 젊은 남자는 그를 달래며 가게 밖으로 데리고 나가려고 하였습니다.
 "아니야, 나는 그냥 못가! 이 여자에게 따끔한 소리를 해 주기 전에는!"
 단골손님은 몹시 화가 난 듯이 소리치고는 계산대를 주먹으로 쾅 내리쳤습니다.
 "당신 때문에 난 망했어. 이 주제도 모르는 여자야."
하고 눈을 부릅뜨며 계속 소리쳤습니다.
 마사는 비틀거리면서 진열대에 몸을 기대었습니다. 젊은 남자가 단골손님을 붙잡으며 말하였습니다.
 "자, 이젠 가자고……. 이젠 할 만큼 다 했잖아."
 그는 성난 단골손님을 가게 밖으로 데리고 나가 길에 세워 놓고는 다시 돌아왔습니다.
 "저 사람이 왜 그러는지 알려드리는 것이 좋겠네요. 저 사람은 건축 설계를 하는 사람이에요. 나도 저 사람과 같은 직장에서 일하고 있지요. 그런데 저 사람은 석 달 전부터 온 힘을 다하여 새로 지을 시청 건물의 설계도를 그리고 있었어요. 그리고 마침내 어제 거의 다 완성을 하였지요. 아시겠지만 설계도를 그리는 사람은 연필로 먼저 그린 뒤에 잉크로 덧칠을 합니다. 그런 다음 식빵 조각으로 연필 자국을 지워가는 것이지요. 식빵이 고무지우개보다 훨씬 더 잘 지워지니까요. 저 친구는 아주머니 가게에서 빵을 사다가 설계도에 있는 연필 자국을 지우는 데 썼던 거예요. 그런데 오늘……, 아시겠지만 아주머니, 그 버터 때문에……, 빵 속에서 나온 버터 때문에 설계도가 온통 얼룩져서 못쓰게 되어 버렸어요."

설계 : 건축·토목·기계 제작 따위에 대한 실제적인 계획을 세워 도면 등으로 명시하는 일

덧칠 : 칠한 데를 겹쳐 칠하는 칠

 마사는 힘없이 자기 방으로 들어갔습니다. 파란색 블라우스를 벗고 전에 입던 낡은 갈색의 천으로 된 옷을 입었습니다. 그리고 손수 만든 화장품도 창밖에 있는 쓰레기통에다 버렸습니다.

1 마사는 어떤 사람인가요?

2 마사는 왜 남자 손님을 가난한 화가라고 생각하였을까요?

3 마사가 손님이 주문한 빵에 버터를 몰래 넣은 까닭은 무엇인가요?

4 남자 손님은 묵은 빵이 왜 필요하였을까요?

5 남자 손님이 마사에게 "이런 마녀 같은 여자야!"라고 말한 까닭은 무엇인가요?

1 '버터 때문에 엉망이 되어 버린 설계도'

'아, 드디어 석 달 동안의 결실이 오늘 이루어지겠구나! 이제 연필 선을 빵으로 깔끔하게 지워볼까?' 하고 문지르는 순간 시청 설계도는 버터 때문에 엉망이 되어버렸어요.

😊 설계사가 되어 이때의 기분을 적어 보세요.

....
....
....

2 '남자 손님을 도우려다 오히려 혼이 난 마사'

마사는 남자 손님을 돕고 싶어 빵에 신선한 버터를 몰래 넣어 주었는데, 잠시 후에 나타난 남자 손님은 '이런 마녀 같은 여자야!' 라며 화를 냅니다.

😊 마사가 되어 남자 손님에게 하고 싶은 말을 적어 보세요.

....
....
....

1 다음 행동으로 알 수 있는 인물의 성격을 적어 보세요.

> 마사는 남자 손님의 빵에 버터를 몰래 넣었어요. 손님이 가고 나자 마사는 혼자서 방긋 미소 지었지만 그 손님이 자신의 행동을 보았을까 가슴이 두근거렸습니다. 마사는 자신의 행동을 되돌아보았습니다.
> '너무 앞서 간 건 아닐까? 그 화가는 화를 내지 않을까? 아니 그럴 리는 없을 거야. 버터를 넣어 준 것뿐인데 뭘…….'

(1) 마사의 성격 :

(2) 그렇게 생각한 까닭 :

2 빵에 넣은 버터 때문에 설계도를 망쳤다고 무조건 화를 내는 남자 손님의 태도가 옳은 것인지 의견을 말하고, 나라면 어떻게 했을지 적어 보세요.

(1) 의견 :

(2) 까닭 :

(3) 내가 만약 설계사라면 :

16. 마녀의 빵

글숲 여행을 마치며

🐚 만약 마사 가게에 온 남자 손님이 진짜 가난한 화가였다면 어떻게 되었을까요? 여러분이 작가가 되어 재미있게 이야기를 꾸며 보세요.

17. 오세암

1 부모님이 우리에게 베풀어 주시는 것들은 무엇인가요?

2 여러분의 제일 큰 소망은 무엇인가요?

3 가족 관계를 바르게 연결해 보세요.

(1) 누나와 남동생 •   • (가) 형제

(2) 언니와 여동생 •   • (나) 자매

(3) 형과 남동생   •   • (다) 오누이

구연동화를 QR로 확인하세요.

등장 인물의 특성을 생각하며 '오세암'을 소리 내어 읽어 봅시다.

오세암

앞을 보지 못하는 누나 감이와 다섯 살 난 어린 소년 길손이가 산길을 가고 있었어요.

"누나, 산이 온통 울긋불긋 꼭 불이 난 것 같아. 바다처럼 파란 하늘에는 하얀 구름들이 뭉게뭉게 피어 있어. 누나, 잠깐만!"

뭉게뭉게: 구름·연기 따위가 덩이를 지어 자꾸 피어오르는 모양

길손이는 바닥에 떨어져 있는 단풍잎을 주워 감이 손에 올려놓았어요.

"누나 손을 닮은 단풍잎이야."

감이는 단풍잎을 가만히 감싸 쥐었어요.

"길손아, 이 단풍잎은 무슨 색이야?"

"빨간색!"

"그렇구나, 나 빨간색 좋아하는데, 내 댕기처럼 빨간색 맞지?"

"맞아, 누나! 누나 댕기처럼 빨간색이야."

길손이는 냇물 앞에서 걸음을 멈추었어요.

"왜 그래, 길손아?"

감이가 가만히 냇물 소리에 귀를 기울였어요.

"물을 건너야 하는구나."

"누나, 조심해."

길손이는 감이의 손을 잡고 징검다리 위에 올라섰어요.

징검다리: 개천이나 물이 괸 곳에 돌덩이나 흙더미를 드문드문 놓아 만든 다리

감이의 발에 닿은 냇물은 얼음장처럼 차가웠어요.

온몸이 얼어붙는 것 같았지만, 길손이가 걱정할까 봐 꾹 참았어요.

'곧 추운 겨울이 올 거야. 겨울 동안 지낼 곳을 찾아야 할 텐데…….'

냇물을 건너온 감이와 길손이는 바위에 앉아 차가워진 몸을 녹였어요.

"누나, 배고프지?"

길손이는 꼬르륵 요동치는 배를 쓱쓱 문질렀어요.

<small>요동 : 흔들리어 움직임. 또는 흔들어 움직임</small>

"나무 위에 열매가 남아 있을지도 몰라."

길손이는 벌떡 일어나 나무를 타고 올라갔어요.

놀란 감이는 허공에 대고 손을 휘휘 저었어요.

"안 돼, 길손아! 그러다 다치기라도 하면 어쩌려고."

하지만 길손이는 벌써 나뭇가지 끝에 대롱대롱 매달려 있었어요.

"어, 어, 가지가 부러질 것 같아."

마침 지나가던 스님들이 길손이를 구해 주었어요.

감이는 몇 번이고 고개를 숙여 절을 했어요.

"누구신지 모르겠지만, 동생을 구해 주셔서 정말 고맙습니다."

길손이는 스님들의 모습이 재미난 듯 살폈어요.

"히히, 누나. 머리에 씨앗만 뿌려져 있는 아저씨들이야. 그리고 맛없는 나물국 색깔 옷을 입고 있어."

스님들은 가만히 미소를 지으며 길손이의 머리를 쓰다듬었어요.

"허허, 고 녀석 참! 우리는 스님들이란다. 나는 설정 스님, 그리고 이분은 일지 스님."

<small>스님 : ① 승려가 자신의 스승을 부르는 말. 사승(師僧) ② '중'의 높임말</small>

그때 길손이의 배에서 꼬르륵 소리가 울렸어요.

"배가 많이 고픈가 보구나. 너희는 집이 어디냐?"

"집이요? 그런 거 없어요. 우리는 엄마를 찾아가고 있거든요."

설정 스님은 고개를 갸우뚱했어요.

"엄마가 어디 계신데?"

그러자 길손이가 펄쩍 뛰어오르며 소리쳤어요.

"바람이 시작되는 곳에 우리 엄마가 있대요. 누나가 그랬어요."

"그렇구나, 하지만 이제 곧 추운 겨울이 온단다. 겨울 동안에는 우리 절에서 지내고, 따뜻한 봄이 오면 그때 엄마를 찾아가려무나."

"스님 고맙습니다, 정말 고맙습니다."

이렇게 해서 감이와 길손이는 백담사라는 절에서 겨울을 보내게 되었어요.

길손이에게 절은 새롭고 신기한 곳이었어요.

스님들은 매일 부처님 앞에 앉아 있었어요.

절에 온 사람들은 부처님에게 부자가 되게 해 달라, 오래 살게 해 달라, 아이를 낳게 해 달라며 소원을 빌었어요.

그 모습을 보며 길손이는 생각했어요.

'저렇게 많은 사람들이 찾아오니, 부처님은 참 성가시겠다. 나라도 부처님을 기쁘게 해 드려야지!'

성가시다 : 자꾸 들볶거나 번거롭게 굴어 괴롭고 귀찮다

길손이는 부처님의 손에 노란 국화를 살며시 놓았어요. 그러자 부처님의 입가에 은은한 미소가 번졌어요.

하지만 길손이는 가끔 말썽을 피워 스님들에게 혼쭐이 나곤 했어요.

그래도 길손이는 따뜻한 방에서 잠도 자고, 밥도 배불리 먹을 수 있어서 좋았어요. 무엇보다 누나와 함께 있어서 행복했지요.

길손이는 가끔씩 엄마 생각이 날 때면, 높은 곳에 올라가 바람을 맞으며 노래를 불렀어요.

감이도 길손이의 노래를 따라 부르며 엄마 생각에 잠겼지요.

"엄마가 섬 그늘에 굴 따러 가면 아기가 혼자 남아 집을 보다가 바다가 불러 주는 자장 노래에 팔 베고 스르르르 잠이 듭니다. 잠이 듭니다."

감이에게는 길손이도 모르는 비밀이 하나 있었어요. 길손이가 갓난아이일 때, 집에 큰 불이 났어요. 엄마는 불길을 헤치며 감이와 길손이를 구하다가 돌아가셨고 감이도 그 사고로 앞을 보지 못하게 되었어요.

하지만 길손이가 슬퍼할까 봐 사실대로 이야기해 주지 못했어요.

감이는 그때를 떠올리며 눈물을 닦았어요.

"길손아, 미안해."

다음날 길손이는 냇물을 가만히 바라보고 있었어요.
어깨가 축 쳐진 길손이를 보고 설정 스님이 다가왔어요.
"엄마가 보고 싶어서 기운이 없는 게로구나."
설정 스님은 길손이의 마음을 훤히 보고 있는 듯했어요.
"곁에 없어도 마음의 눈을 뜨면 엄마를 볼 수 있단다."
길손이는 엄마를 볼 수 있다는 말에 귀가 번쩍 뜨였어요.
"어떻게요?"
설정 스님은 산꼭대기에 있는 작은 암자를 가리켰어요.
"마음으로 보는 공부를 열심히 하면 된단다. 길손아, 스님이랑 관음암으로 공부하러 갈까? 그 대신 누나랑 잠시 헤어져 있어야 되는데, 괜찮겠니?"
길손이는 누나랑 헤어지는 것은 싫었지만, 하루빨리 엄마를 보고 싶어 고개를 끄덕였어요.
다음날 아침, 설정 스님과 길손이는 관음암으로 향했어요.
"누나 조금만 기다려. 내가 누나에게도 마음으로 보는 법을 알려 줄게."
"그래, 길손아. 몸조심하고 잘 다녀와. 말썽 피우지 말고."
감이는 길손이와 설정 스님이 산길 속으로 사라진 후에도 계속 손을 흔들었어요.
'길손아, 잘 다녀와.'
"와, 경치 좋다! 스님, 마음으로 보는 공부를 하면 정말 엄마를 볼 수 있지요?"

경치 : 산이나 들, 바다 따위의 자연계의 아름다운 풍경

"그래, 대신 열심히 공부해야 한다."
"네!"
길손이의 들뜬 목소리가 온 산에 메아리쳤어요.
관음암에 도착한 날부터 설정 스님은 꼼짝 않고 기도만 드렸어요.
길손이에게도 마음의 눈을 뜨는 공부라 하면서 기도하는 법을 알려 주었어요.

하지만 길손이는 산속에서 신나게 노는 것이 더 좋았어요.

그러던 어느날, 설정 스님이 아침 일찍 길을 나섰어요.

"눈이 더 오기 전에 장터에 다녀와야겠다."
장터 : 장이 서는 곳. 장마당

길손이는 울상이 되어 투덜거렸어요.

"싫어요, 혼자는 무섭단 말이에요."

"무서우면 관세음보살님을 부르거라. 마음을 다해 부르면 무섭지 않을 거야."

설정 스님이 떠나자, 길손이는 암자 이곳저곳을 돌아다녔어요.

"스님도 안 계시고, 이제 무얼 하고 놀까?"

그때 길손이의 눈에 다 쓰러져가는 집 한 채가 들어왔어요.

"어? 저건 뭐지?"

길손이는 살금살금 다가가 문을 열었어요.

"와! 어, 엄마!"

길손이의 입에서는 불쑥 "엄마!"라는 말이 튀어나왔어요.

길손이는 불화를 바라보며 환하게 웃었어요.

"엄마라고 불러도 되지요? 내일 또 올게요, 엄마."

한편, 설정 스님이 장에 도착하자 함박눈이 쉴 새 없이 쏟아지기 시작했어요.
함박눈 : 함박꽃 송이처럼 굵고 탐스럽게 내리는 눈

"이런 또 큰 눈이 오려나 보군."

"그러게 말이에요. 하늘을 보니, 며칠은 쏟아지겠는걸요."

장사꾼들은 하나 둘 물건을 거둬들였어요.

설정 스님도 서둘러 필요한 음식과 길손이가 신을 털신을 샀어요.

장을 다 본 설정 스님이 암자로 가려는데, 사방이 온통 눈으로 막혀 있었어요.
암자 : 큰 절에 딸린 작은 절

하지만 설정 스님은 암자에 두고 온 길손이가 걱정이 되어 서둘러 산에 올랐어요. 그러다가 그만 발을 헛디뎌 언덕 아래로 굴러 떨어졌어요.

"으, 으악! 길손아!"

"큰일일세, 벌써 며칠째 깨어나지 못하고 계시니……."

마을 사람의 도움으로 목숨을 건진 설정 스님은 달포를 넘기고서야 겨우 깨어났어요.

달포 : 한 달 이상이 되는 동안

암자에 있는 길손은 하염없이 스님을 기다렸어요. 눈도 하염없이 내렸지요.

"엄마, 스님은 내가 미운가 봐요. 그래서 안 오시나 봐요."

길손이는 참았던 울음을 터뜨렸어요.

"엄마, 누나가 보고 싶어요!"

그렇게 길손이는 깊은 산속 암자에서 홀로 긴 시간을 보냈어요.

꽁꽁 얼었던 얼음이 녹아내리고, 눈으로 막혔던 길도 다시 열렸어요.

설정 스님은 우선 백담사로 가서 감이에게 그동안의 이야기를 들려주었어요.

감이는 조용히 눈물을 닦으며 설정 스님을 따라나섰어요.

"스님, 우리 길손이가 괜찮을까요?"

관음암으로 가는 내내 감이는 마음속으로 간절히 기도했어요.

'엄마, 우리 길손이를 지켜 주세요.'

관음암에 다다랐을 즈음, 어디에선가 길손이의 목소리가 들려오는 듯했어요.

"길손이, 길손이 목소리예요."

설정 스님과 감이는 한달음에 관음암으로 올라갔어요.

관음암에 도착한 설정 스님은 신비로운 광경에 넋을 잃었어요.

길손이를 품에 안은 여인이 광채를 내며 서 있었기 때문이었지요.

그 순간, 눈을 뜬 감이가 길손이를 불렀어요.

"길, 길손아!"

"감이야, 보이는 게냐? 네가 눈을 뜨다니?"

모든 일이 놀라울 뿐이었어요.

게다가 여인에게서 무슨 소리가 들리는 듯했어요.

"이 아이는 나를 엄마라 부르며 나와 함께 있었다. 이제 이 아이를 편하고 고통 없는 곳으로 데려가려 한다. 맑고 깨끗한 이 아이의 마음이 밝은 빛이 되어 온 세상을 밝게 비출 것이다."

"감이야, 길손이가 그동안 관세음보살님의 보살핌을 받은 것 같구나. 아직도 몸이 이렇게 따뜻한 것을 보면 말이다."

관세음보살 : 자비의 마음으로 중생을 구제하고 제도한다는 보살

길손이의 모습은 엄마 품에 안긴 아기처럼 편안해 보였어요.

"스님, 지금쯤 길손이는 엄마를 만나 행복하겠지요?"

설정 스님은 어린 길손이를 어머니처럼 보살핀 관세음보살의 이야기를 후세에 전하기 위하여 암자를 중건하고 오세암으로 이름을 바꾸었어요. 길손이의 이야기는 금세 세상에 퍼져 오세암을 찾는 발길은 그 후로도 끊임없이 이어졌답니다.

후세 : 다음에 오는 세상. 또는 다음 세대의 사람들   **중건** : 절이나 궁궐 따위를 보수하거나 고쳐 지음

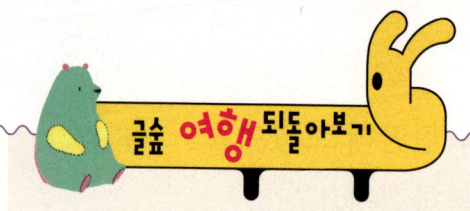 

① 먹을 것을 구하기 위해 나뭇가지 끝에 매달려 있는 길손이를 구한 사람은 누구인가요?

② 감이가 앞을 보지 못하게 된 원인은 무엇인가요?

③ 길손이는 알지 못하고 감이만 간직하고 있는 비밀은 무엇인가요?

④ 관음암에 도착한 설정 스님은 길손이에게 무엇을 가르쳐 주었나요?

⑤ 마을로 내려간 설정 스님이 달포가 지나도 돌아오지 못한 까닭은 무엇인가요?

⑥ 길손이가 엄마라고 부른 분은 누구인가요?

⑦ 오세암이 세워지게 된 까닭은 무엇인가요?

글숲사람 되어보기

1 '달포가 넘어 겨우 깨어난 설정 스님'

암자로 가려는데 사방이 온통 눈으로 막혀 있었어요. 길손이가 걱정되어 서둘러 산을 오르려다 그만 발을 헛디뎌 언덕 아래로 굴러 떨어졌어요. 설정 스님은 달포가 넘어서야 겨우 깨어났어요.

😊 설정 스님이 되어 처음 의식을 찾았을 때 가장 먼저 생각 난 것이 무엇이었을까 적어 보세요.

....
....
....

2 '깊은 산속 암자에 혼자 남겨진 길손이'

스님이 장터에 갔다 밤이 늦어도 돌아오시지 않았어요. 깊은 산속 깜깜한 가운데 사방에서 짐승의 울음소리와 거센 바람 소리에 어찌할 바를 몰라 스님의 말씀대로 관세음보살을 불러 봅니다.

😊 길손이가 되어 깊은 산 속 암자에 혼자 있었을 때의 심정을 적어 보세요.

....
....
....

1 길손이는 앞 못 보는 누나가 스님들을 누구냐고 묻자 다음과 같이 설명하고 있어요.

> 히히, 누나. 머리에 씨앗만 뿌려져 있는 아저씨들이야. 그리고 맛없는 나물죽색깔 옷을 입고 있어.

내가 길손이였다면 앞 못보는 누나에게 어떻게 설명했을지 써 보세요.

---

2 다섯 살 난 길손이는 추운 겨울에 깊은 산속 암자에서 달포(한 달이 조금 넘는 기간)를 혼자 지내게 됩니다. 길손이가 어떻게 지냈을지 상상하여 보고 길손이가 가장 견디기 힘든 점이 무엇이었을지 세 가지 써 봅시다.

첫째

둘째

셋째

글숲 여행을 마치며

1 엄마를 그리워한 길손이에게 위로의 편지를 써 보세요.

　　　　　　　　　에게

년　월　일

씀

글숲 여행을 마치며

2 보기의 내용을 넣어 오세암을 소개하는 광고문을 만들어 보세요.

― 보 기 ―
장소, 만들어진 때, 얽힌 이야기 소개,
절 모습 그림, 소개하는 글 등

손에 잡히는
독서·토론·논술

해답 및 풀이

3 학년

재미네골

 ─────────────────────── 본문 8쪽

1. (1) 피노키오 (2) 피노키오가 거짓말을 할 때마다 코가 자란다라는 부분
2. 경찰관, 선생님, 회사원, 소방관, 조리사, 의사, 변호사 등
3. 실제 일어날 수 없는 상상적인 내용이 많다. / 우리가 사는 세계에서 일어날 수 없는 꿈 같은 일들이 일어나기도 한다. 등

 ─────────────────────── 본문 14쪽

1. 전해오는 이야기가 진짜인지 확인하려고
2. (1) 목수 (2) 대장장이 (3) 토기장이 (4) 농부 (5) 아낙네 (6) 처녀아이
3. 처녀의 용기와 마음씨가 대견해서
4. 항상 재미있고 웃음이 가득해서 / 화목하고 즐겁게 지내서 등

 ─────────────────────── 본문 15쪽

1. 용왕님, 다른 분들은 이 마을에 없어선 안 될 분들이기 때문입니다. 등
2. 아이야, 고맙구나! 그리고 여러분 감사합니다. 목숨보다 마을을 더 위하는 여러분의 마음이 고맙습니다. 그리고 이런 마을의 이장이라는 것이 너무 행복합니다. 어린 아가씨의 용기에 우리의 목숨도 구하고 금은보화도 얻었으니 우리 동네의 경사예요. 우리 마을의 황금보배구요! 저는 더 행복한 마을을 만들기 위해 노력하겠습니다. 등

 ─────────────────────── 본문 16쪽

1. 용궁에는 가지 않겠다고 울었을 것 같다. 친구들과도 친하게 지내고 어른들께도 공손하게 행동했을 것이다. 등
2. (1) – (나), (2) – (다), (3) – (가)

 ─────────────────────── 본문 17쪽

동시를 자유롭게 쓴다.
(1) 사랑이 넘치는 우리 마을
용왕 명령에 사신 용궁 샘물 짊어지고 뭍으로 나오니 / 서로 제물 되겠다고 따라 나서네
용궁 사신 엉겁결에 처녀 데려가니 / 감격한 용왕 금은보화 내리셨네
재미네골 더욱 화목하고 즐거워졌네 / 하하하 호호호

이상한 나라의 앨리스

본문 18쪽

1. 학교에서 공부하는 시간을 줄이고 쉬는 시간을 늘려, 친구들과 운동장에서 축구도 하고 철봉도 하면서 놀고 싶다. 낮 보다 밤 시간을 늘려 잠을 많이 자고 싶다.
2. 모든 사람이 나를 이상하게 볼 것 같다. 내가 우리 집에 있는데 갑자기 키가 커지면 우리 집 지붕을 뚫게 되고, 내가 아주 작아지면 가족들이 내가 어디에 있는지도 모르고, 모든 물건들이 나보다 커서 아무것도 사용하지 못하게 될 것이다. 그래서 갑자기 내 몸이 변하면 신기하기도 하고 무섭기도 할 것 같다. 또 어떻게 변할까 궁금하기도 할 것 같다.
3. 사람들이 나를 못 알아보고, 밟거나 손으로 잡아서 아플 것 같다. 우리 집을 다 걷는 데도 1시간이 넘게 걸려 생활하는데 많이 불편할 것 같다. 사람들이 거인처럼 보이니 두렵고 무서울 것 같다.

본문 32쪽

1. 토끼가 굴로 들어가는 것을 보고 호기심이 났기 때문에 따라 들어갔다.
2. 먼저, 땅 위에 동그랗게 금을 긋고, 군데군데 동물들이 늘어서서 달리고 싶은 만큼 달리는 경기이다.
3. 원래 빨간 장미를 심어야 하는데 하얀 장미를 심어, 여왕께서 하얀 장미라는 것을 알면 목을 치라고 할까봐 여왕을 속이기 위해서이다.
4. "저 자의 목을 치라."

본문 33쪽

1. 비둘기야, 내가 뱀이라고 오해하면 난 너무 억울해. 나도 시도 때도 없이 내 몸이 바뀌어서 많이 힘들어. 난 뱀이 아니기 때문에 알은 절대 건드리지 않을 테니까 걱정하지 마.
2. 나는 어제 낮잠을 자다가 이상하고 신기한 꿈을 꾸었어. 토끼를 따라 커다란 굴속으로 들어갔단다. 작은 병에 '나를 마시세요!'라는 쪽지가 있어서 모두 마셨더니 내 키가 25센티미터로 줄어들었어. 또 '나를 먹어요.'라고 쓰인 케이크가 있어서 다 먹었더니 내 머리가 천장에 닿을 만큼 커져 버렸단다. 그 곳에서는 키가 줄었다 커졌다 하는 신기한 일들이 일어났단다.

본문 34쪽

1. 우선 언니에게 물어본다. 언니가 좋다고 하면 언니와 같이 들어가고, 언니가 안 된다고 하면 언니를 설득해 보고, 끝까지 싫다고 하면 나 혼자서라도 들어가 볼 것이다.
2. 사람에게 물건을 그렇게 집어 던지면 크게 다칠지도 몰라요. 사람이 다친 뒤에는 후회해도 늦게 돼요. 화가 많이 나서 나 자신을 억제하기 힘들 때는 밖으로 나와서 동네를 한 바퀴 뛰어 보세요. 그러면 화가 가라앉을 거예요. 그리고서 화가 난 이유를 말로 하세요. 화가 난다고 사람에게 무얼 던지는 버릇은 반드시 고쳐야 한다고 생각해요.

본문 35쪽

많은 동물들을 만날 기회가 된다면 하고 싶은 일이 많다.
첫째, 장기자랑을 할 것 같다. 왜냐하면 장기자랑을 하면 각 동물들의 장기를 알 수 있을 것 같다. 그리고 동물들의 특징을 알 수 있기 때문이다.
둘째, 살고 있는 집에 초대받아 파티를 즐기고 싶다. 그러면 각 동물들이 좋아하는 음식을 알 수 있고 먹어 볼 수 있을 것 같다.
셋째, 시험을 보고 싶다. 그럼 어떤 동물이 가장 머리가 좋은지 알 수 있을 것 같다.

3. 공주를 구한 삼 형제

글숲 엿보기 — 본문 36쪽

1. 공주가 병에 걸려 많이 아프다는 소식을 들은 삼 형제가 힘을 모아 공주의 병을 고쳐주었습니다. / 공주가 산속에서 늑대에게 잡아먹히려는 순간 삼 형제가 힘을 모아 구해 주었을 것 같습니다.
2. (1) 인형 (2) 내가 제일 좋아하는 친구로부터 받은 선물이기 때문에   3. 의견

글숲 여행 되돌아보기 — 본문 41쪽

1. 공주의 병을 고칠 사람을 구하기 위해
2. (1) 마법 망원경 (2) 마법 양탄자 (3) 마법 사과
3. 형–망원경으로 궁궐 앞의 글을 발견/ 동생–양탄자를 타고 빨리 공주에게 날아감/ 막내–마법 사과로 공주의 병을 고침
4. 형–제 망원경이 없었다면 공주님이 병에 걸린 걸 알지 못했을 것입니다. / 동생–제 양탄자가 없었다면 궁궐로 빨리 날아 올 수 없었을 것입니다. / 막내–제 사과가 없었다면 공주님의 병을 고칠 수 없었을 것입니다.
5. 막냇동생이 하나 밖에 없는 자신의 보물을 공주를 위해 아낌없이 다 썼기 때문에

글숲 사람 되어보기 — 본문 42쪽

1. 하나밖에 없는 사랑스런 딸이 위독한 것을 보니 가슴이 몹시 아프다. 무슨 방법을 써서라도 꼭 고쳐주고 싶다.
2. (1) 막내가 임금님의 사위가 되는 것은 불만이 없지만 저희 삼 형제는 같이 살고 싶습니다. 궁궐에서 같이 살도록 해 주세요. (2) 원래 사과는 한 개가 아니랍니다. 집에 또 있어요. 저에게 다시 기회를 주세요. 저도 공주님과 결혼하고 싶어요.

글숲 밖 사람 되어보기 — 본문 43쪽

1. (1) 큰아들로 하겠습니다. (2) 왜냐하면 망원경이 없었다면 공주의 병을 고칠 사람을 구하는 소식도 몰랐기 때문입니다.
2. 아낌없이 주는 부모님의 사랑

글숲 여행을 마치며 — 본문 44쪽

(1) 급식 당번들의 위생에 문제가 있다.
(2) 당번들이 손을 씻지 않고 배식을 한다. / 수다를 떨거나 기침을 한다.
(3) 배식을 할 때는 손을 깨끗이 씻은 후 마스크와 머릿수건을 쓰고 앞치마를 입어야한다. 등

4 내가 재판장이라면

본문 45쪽

1. (1) 복도에서 뛰지 말아야 한다. (2) 왜냐하면 뛰다가 다치기도 하고 너무 시끄럽기 때문이다.
2. 간, 건강, 꽤, 임금님의 병, 웅담, 지혜

본문 50쪽

1. 용왕님이 갑자기 병에 걸렸다.
2. 토끼의 간
3. 토끼가 그려진 그림을 한 장 가지고 갔기 때문에
4. 자라의 꾐에 빠진 줄 알고 정신을 차려 또 다른 꾀를 짜냈기 때문에
5. (1) 자라는 벌을 받아야 한다. (2) 나는 죄가 없다. (3) 자라는 나를 속였다./ 나를 죽이고 간을 꺼내려고 하였다. (4) 용왕님을 살리기 위하여 어쩔 수 없었다./ 토끼가 헛된 욕심을 부렸다.

본문 51쪽

1. (1) 의견 : 자라는 벌을 받아야 한다고 생각합니다. (2) 까닭 : 왜냐하면 거짓말을 시켜서 나를 죽이려고 하였기 때문입니다.
2. (1) 의견 : 토끼야, 좀 더 신중하게 행동해라. (2) 까닭 : 내가 아무리 너를 속이려고 했더라도 네가 욕심을 부리지 않고 신중하게 생각했다면 용궁에 따라가지 않았을 것이야.

본문 52쪽

1. 자라는 벌을 받아야 합니다. 왜냐하면, 자라가 용왕님을 생각하여 한 일이라도 토끼를 죽이고 간을 꺼내려고 한 것은 잘못이기 때문입니다./ 자라는 벌을 받을 필요가 없습니다. 자라가 아무리 토끼를 속이려고 했다 하더라도 토끼가 욕심을 부리지 않았다면 용궁에 따라가지 않았을 것이기 때문입니다.
2. 의견 : 처음부터 따라가지 않았을 것입니다. 까닭: 왜냐하면 난 좀 의심이 많아서 자라 말을 다 믿을 수 없기 때문에 선뜻 따라나서지 못했을 것입니다. / 의견 : 아마도 죽임을 당했을 것입니다. 까닭: 너무 긴장하고 떨려서 아무 생각도 못해 좋은 꾀를 부리지 못했을 것이기 때문입니다.

본문 53쪽

장님들의 수장은 틀렸습니다. 왜냐하면 코끼리는 전체적으로 보고, 코가 길고 뚱뚱하고 회색이라고 말해야 합니다. 그런데 장님들은 눈으로 보지 못하고 꼬리만 만지고 기다란 붓같다 다리만 만지고 통나무 같다. 가슴만 만지고 높은 담벼락 같다. 등을 만지고 높은 책상같다. 귀를 만진 사람은 부채 같다. 머리를 만진 사람은 작은 언덕 같다. 상아를 만진 사람은 뿔 같다. 코를 만진 사람은 보아뱀 같다고 자기가 만진 것만 옳다고 주장하는 것은 옳지 않다고 생각합니다.

해답 및 풀이 **217**

지나친 욕심

글숲 엿보기 — 본문 55쪽

1. (1) 흥부와 놀부 (2) 놀부는 흥부가 부러진 다리를 고쳐주고 얻은 박씨 덕분에 부자가 되어 배가 아팠다. 일부러 제비 다리를 부러뜨리고 얻은 박씨를 심어 박이 열렸다. 박에서 나온 도깨비에게 맞고 모든 재산을 빼앗겼다. (3) 놀부야, 하나밖에 없는 동생과 사이좋게 잘 지내지 왜 그렇게 욕심을 부렸니? 흥부처럼 마음씨를 곱게 써야 복을 받을 수 있단다.
2. 손해를 볼 수 있다. (과식-배탈)/이미 가지고 있던 것도 잃을 수 있다. 등

글숲 여행 되돌아보기 — 본문 59쪽

1. 주인을 찾을 때까지 돌보기 위해 2. 거위를 얻은 지 열흘째 되는 날
3. 점점 게을러져서 농사를 짓지 않고 놀기만 했다. 4. 거위의 배를 갈랐다.
5. 아무것도 없었다. 6. 욕심을 부려 황금 거위를 죽인 것

글숲 사람 되어보기 — 본문 60쪽

1. 아, 내가 하고 싶은 것을 다 할 수 있잖아. 힘들게 일하지 않아도 되고, 밭도 더 사고, 집도 더 크게 짓고, 여행도 갈 수 있어. 등
2. 농부아저씨! 저를 죽이기 전에 먼저 생각을 해 보세요. 매일매일 저의 알들을 모으면 지금 당장 저를 죽여서 얻는 것보다 훨씬 많을 텐데요. 게다가 만약, 지금 제 배에 알이 하나도 없으면 어떡해요! 농부 아저씨, 너무해요.

글숲 밖 사람 되어보기 — 본문 61쪽

1. 황금 거위에게 고맙다고 하고 더 잘해주었을 것이다.
2. 급식시간에 맛있는 반찬을 많이 가져오다가 쏟아 못 먹게 되었다. / 형보다 더 먹으려고 울다 내 것까지 다 빼앗겼다.
3. (1) 착하고 부지런하다. (2) 게으르고 욕심이 많다. (3) 욕심이 지나치면 손해를 본다.

글숲 여행을 마치며 — 본문 62쪽

제목 : 지나친 욕심

욕심이 너무 지나치면 손해를 입을 수 있다. 부지런한 농부를 위해 황금거위가 온 것이다. 매일 매일 열심히 일하면서 황금거위가 낳아주는 알을 하나씩 모았다면 세상에서 최고의 부자가 되었을 것이다. 그러나 농부 부부는 어리석은 생각에 거위의 배를 갈랐고, 거위의 뱃속에 황금알이 없는 것을 알고서야 큰 후회를 하게 되었다. 난 앞으로 절대 지나친 욕심은 부리지 않고, 열심히 노력하여 내 꿈을 이룰 것이다.

소를 탄 노인

본문 63쪽

1. 소를 타는 걸 보니 집이 가난했을 것 같다./ 소를 타고 가지만 훌륭한 사람일 것 같아요.
2. (1) – (나), (2) – (가), (3) – (라), (4) – (다)

본문 66쪽

1. 맹사성, 원님, 포졸
2. 길을 깨끗하게 청소하여 닦아 놓고 기다림
3. 인품 높은 훌륭한 어르신이 고향을 방문하신다니 잘 보이려는 마음에
4. 맹사성이 지나가야 할 길을 시골 노인이 먼저 지나간다고 생각해서
5. 매우 친절하고 공손했을 것이다.

본문 67쪽

1. 이보시오 원님, 길은 신분이 높고 낮은 것과는 상관없이 이 나라 백성이면 지나가는 길인데, 왜 못가게 하시오. 그리고 겉모습만 보고 사람을 판단하면 안 되는 것이오. 앞으로는 이런 잘못을 저지르지 않도록 마음의 수양을 쌓도록 하시오.
2. 어떻게 된 거야! 내가 어제부터 얼마나 공을 들이고 있는데, 왜 이리도 정승은 안 나타나는 거야. 힘들어 죽겠는데……. 그리고 저 소를 탄 영감은 또 누구야. 귀찮게시리.

본문 68쪽

1. (1) 검소한 생활 태도–벼슬이 높은데도 초가집에 살고, 소를 타고 다님. 너그러운 성격–화를 내고 잘못을 저지른 원님과 포졸에게 태연하게 웃으며 대답함.
   (2) 겉모습을 보고 사람을 판단하면 안됨. 겉모습이 초라하여도 모두에게 친절하게 대하여야 함.
2. 이때까지 겉모습을 보고 친구를 사귄 적이 있었다. 앞으로는 절대 겉모습만 보고 친구를 사귀지 않고 누구에게나 친절하고 공평하게 대하겠다.

본문 69쪽

맹사성에 대한 책을 읽었다. 맹사성은 고려말 조선초의 문신으로 최영장군의 손녀사위다.
 맹사성은 평생 사치하지 않고 검소하게 사셨다, 사람이 돈이 많고 벼슬이 높아지면 잘 먹고 좋은 집에서 편하게 살 수 있을 텐데 물이 새는 집에서 살면서 백성들을 다스렸다니 존경스럽다. 맹사성은 또한 아랫사람들이 버릇없이 행동해도 결코 화를 내지않고 조용히 타이르거나 스스로 깨우치게 하시는 자상한 분이시다.
 우리 엄마도 전에 내가 잘못했을 때 웃으면서 아무 말씀을 안해서서 내 행동을 더욱 반성했던 적이 있다. 나도 앞으로는 맹사성처럼 검소하고 되도록 화를 내지 않겠다. 또 사람을 겉모습만 보고 판단하지 않고 누구에게나 친절하게 대해야겠다.

7 로빈슨 크루소

본문 70쪽

1. 1순위 : 씨앗 – 농사를 지어 먹어야 사니까. 2순위 : 총 – 맹수를 쫓기 위해서.
   3순위 : 강아지 – 외롭지 않게 지내기 위해서 등
2. 우리 부모님은 내가 하고 싶은 일을 말하면 대부분 여러 가지 이유를 들어 반대하신다. 외식을 할 때 내가 ○○을 먹고 싶다고 하면 그건 어찌어찌해서 몸에 안 좋으니 부모님이 권하는 걸 먹자고 하신다. 그러면 나는 끝까지 내가 먹고 싶은 걸 고집한다. 하지만 가끔은 부모님의 의견을 따를 때도 있다.

본문 79쪽

1. (1) 평범한 삶   (2) 세계의 바다를 항해하는 모험가
2. 가. 28년 나. 60살
3. 안전한 곳에 집을 지었다. 사냥을 했다. 곡식을 심어 농사를 지었다. 염소를 잡아 키웠다. 등

본문 80쪽

1. 전 세계의 바다를 항해하는 모험가가 되고 싶어요. 부모님께서 원하시는 삶을 사는 것보다 제가 원하는 삶을 사는 것이 더 행복하다고 생각해요.
2. 1순위 : 집, 나무를 잘라서 바위 밑에 기둥을 세우고, 벽은 잔나무가지와 흙으로 만들겠다.
   2순위 : 음식, 작대기로 물고기를 맞춰서 잡기, 새총으로 새 잡기
   3순위 : 물, 물이 나올 때까지 구덩이를 파서 우물 만들기
   4순위 : 옷, 풀을 뜯어 옷 만들기, 짐승을 잡아서 가죽으로 만들기

본문 81쪽

1. * 다소 위험해 보이는 길을 선택하겠다. 그 길을 가면 재미있는 일이 많을 것 같고 좋은 추억을 만들 수 있을 것 같기 때문 * 평탄하고 안전한 길을 선택하겠다. 모험도 좋지만 만일 몸을 다치거나 재산을 다 빼앗겨 오래 고생할 수도 있기 때문
2. * 처음엔 당황하고 많이 놀라서 아무것도 하지 않고 그냥 있을 것이다. 하지만 시간이 지나서 배가 고프면 먹을 것을 찾아 돌아다닐 것이고, 바다에 가서 고기를 잡기 위해 도구도 만들 것이다.
   밤이 되면 추우니까 쉴 수 있는 동굴을 찾아 안식처를 만들고 나무를 구해다가 불도 피울 것이다.
   날마다 바닷가에 나가서 지나가는 배가 있는지 살피고, 내가 있다는 것을 알리기 위해 높은 곳에 깃발도 세우고, 바닷가 근처에는 연기가 나도록 불도 피우면서 구조되기를 기다리겠다.
   * 날마다 바닷가에 나가서 배가 지나가기를 기다리다 춥고 배가 고파서 쓰러졌을 것이다.

본문 82쪽

- 나는 몸무게가 58kg로 친구들보다 20kg 정도 더 무거워서 뚱보라고 놀림을 받기도 하고, 몸이 무거워 짜증이 잘 났다. 그래서 살빼기를 계획했는데 3주간 식사 대신 효소를 먹고 하루에 두 시간씩 걸었는데 배가 고파서 힘들었다. 현재는 41kg로 적정수준을 찾아서 요즘은 날아갈 것 같고 괜히 기분이 좋아져서 무엇이든지 하고 싶어진다.
- 다음에는 혼자서 외할머니댁에 다녀와야겠다. 우리 부모님들은 위험하다고 나 혼자 어딜 보내시지 않는다. 외할머니댁은 춘천에 있는데 겨울방학이 되면 혼자서 기차타고 다녀오고 싶다.

오늘이

 본문 83쪽

1. 친구에게 전화해서 찾아가요./ 지나가는 사람에게 주소를 알려 주고 물어봐요.
2. 지도, 알고 있는 사람의 설명, 경찰관 3. 선녀와 나무꾼

 본문 91쪽

1. 이름이 없어서   2. 부모님을 만나려고   3. (1) - (가) (2) - (나) (3) - (라) (4) - (마) (5) - (다)
4. 원천강을 지키라는 옥황상제의 명 때문에   5. (1) - (라) (2) - (가) (3) - (나) (4) - (마) (5) - (다)

 본문 92쪽

1. 엄마와 아빠를 만나게 되어 너무 기뻐요. 그런데 부모님이 안 계셔서 전 너무 힘들었어요. 그리고 어떻게 이름도 나이도 알려 주지 않으셨나요? 이제 절대 부모님과 헤어지지 않을 거에요. 저 여기서 계속 살아도 되죠?
2. 나의 명 때문에 엄마 아빠 없이 자랐어도 아주 잘 자라 주었구나. 또한 너에게 도움을 주신 분들의 고마움을 잊지 않고 은혜를 갚는 너의 착한 마음씨가 기특하구나. 그래서 내가 특별히 상을 내리겠다. 오늘부터 오늘이는 하늘나라 선녀가 되어 원천강에서 부모님과 함께 살아라. 또 이 세상에 봄, 여름, 가을, 겨울이라는 계절을 매년 내려주는 일을 맡도록 하여라.

 본문 93쪽

1. 보육원 원장님의 보살핌을 받거나 친척들의 도움으로 살고 있을 것이다.
2. 부모님, 할머니, 선생님, 형(누나), 이웃 아줌마, 친구들   3. 열심히 공부하고 친구들과 사이좋게 지낸다. 착한 마음을 가지고 살며 나보다 어려운 사람들을 도와준다.   4. 고마움을 준 분들께 은혜를 갚는 점. 부모님을 찾기 위해 끈기 있게 행동한 점. 혼자서도 열심히 잘 살았던 점

 본문 94쪽

1. 우리나라는 봄, 여름, 가을, 겨울이 있는 살기 좋은 나라라는 것을 사회시간에 배웠는데 이 책을 읽고 오늘이라는 선녀가 내려주는 선물이라고 생각하니 신기하다. 오늘이는 원래 이름도 부모님도 어디에 계신지 모르다가 백씨 부인이 원천강에 살고 계시다는 것을 알려주어 장상 도령, 연꽃나무, 이무기, 매일이, 선녀의 도움으로 부모님을 만나 행복해졌다. 옥황상제의 명령으로 원천강을 지키는 임금과 선녀가 부모님이었다니 얼마나 좋았을까? 그동안 고아로 외롭고 쓸쓸하게 살았었는데 이렇게 좋은 부모님이 계시다니 무척 행복했을 것 같다. 그리고 오늘이에게 본받을 점은 자기에게 도움을 준 사람들과의 약속을 잊지 않고 모든 소원을 들어 주었다는 점이다. 나도 이제부터 약속한 일은 꼭 지키도록 노력해야겠다. 그리고 엄마 아빠의 고마움도 잊지 말고 열심히 공부하는 착한 어린이가 되겠다.
2. (1) 오늘이! 드디어 꿈에 그리던 부모님과 만나다. (3) 오늘이라는 여자 아이가 홀로 살고 있었다. 여러 사람의 도움으로 하늘나라에서 부모님을 만난 후 인간세상으로 다시 내려와 도움을 준 분들과의 약속을 지켰다. 매일이와 장상 도령과는 결혼을 하도록 하고, 여의주 세 개를 물고 있는 이무기는 하나만 물도록 하여 용이 되게 하였다. 연꽃나무의 맨 윗가지는 따 주어 꽃이 피게 하고 고마움을 준 백씨 부인에게는 여의주를 주었다. 왜냐하면 부모님을 찾아 원천강까지 오는 길을 알려 준 고마운 사람들과의 약속이기 때문이다.

9 손톱 깨물기

본문 96쪽

1. 새로운 학년이 되어 친구와 선생님 앞에서 자기 소개 할 때/ 자신이 없는 것을 발표할 때/ 친구와 싸우고 난 뒤
2. 말이 빨라진다./ 눈을 깜박거린다. 등   3. 음식을 먹은 후 이 닦기/ 아침 일찍 일어나기
4. 이가 아파서 치과에 간 뒤 / 학교에 지각을 하여 선생님께 꾸중을 들은 뒤부터

본문 102쪽

1. 뚱뚱해서, 살찔까봐, 학교에서 아이들이 뚱뚱하다고 놀려서 2. 선생님께 꾸중을 듣고 난 후
3. (1) 반창고를 붙여 놓음 (2) 빨간 약을 바름 4. 겨우 깎을 수 있을 정도만 남았다.
5. 갖고 싶은 것(48색 색연필)을 사 주겠다고 하심 6. 혼날 줄 알았는데 선물을 사 주신다고 하셔서

본문 103쪽

1. 선생님께서 내 마음을 알지도 못하면서 꾸중을 하시니 속상하고 울고 싶어요. 저도 다 먹고 싶지만 한결이가 살 찐다고 놀려서 먹을 수가 없었어요.
2. 엄마 불공평해요. 손톱을 깨무는 것은 나쁜 습관인데 어떻게 선물을 줄 수가 있어요?/
   엄마가 차별하시니까 울고 싶고 속상해요. 저도 누나처럼 선물 사 주세요.

본문 104쪽

1. 지원이 엄마의 교육방법은 좋지 않다고 생각한다. 그 이유로는 첫째, 나쁜 버릇은 스스로 고쳐야겠다는 생각이 있어야 쉽게 고쳐진다. 둘째, 선물로 보상하는 것은 아이들의 모든 판단 기준이 물질이 되어서 마음보다 물질에 더 가치를 둘 수 있기 때문이다.
2. 잘못된 행동을 할 때는 벌을 주고 잘할 때는 칭찬을 많이 해준다. 내 스스로 다짐하고 고치려고 노력한다.
3. 정리정돈 잘 하는 것/ 웃어른 공경하기/ 규칙적인 생활하기/ 일찍 자고 일찍 일어나기

본문 105쪽

1. (1) 아빠: 칭찬을 많이 하심
      엄마: 전기와 수돗물을 아껴 쓰심
      형: 일찍 일어나기, 자기 방 정리정돈 하기
      동생: 인사 잘하기, 잘 웃기
   (2) 아빠: 담배 많이 피우고, 방귀를 많이 뀜
      엄마: 내 이야기 다 듣지 않고 화를 내거나 잔소리 함
      형: 이유 없이 주먹으로 머리 때림
      동생: 칭얼거림, 내 물건 아무데나 가져다 놓음
   (3) 아빠의 다짐: 건강을 유지하기 위하여 매일 30분 이상 규칙적으로 운동하기
      스트레스를 줄이고 담배를 피우지 않기
      엄마의 다짐: 하루에 한 번 이상 우리 진영이와 진수 칭찬하기
      남의 이야기를 끝까지 들어주고 화를 내지 않도록 노력하기
      나의 다짐: 공부를 잘 하기 위해 매일 1시간 이상 책 보기
      튼튼해지고 키가 크기 위해 규칙적으로 줄넘기 하기 등

알프스 소녀 하이디

글숲 엿보기
본문 107쪽

1. 맑은 공기를 준다. 아름다운 경치를 볼 수 있게 해 준다. 산나물을 먹을 수 있게 해 준다. 등
2. 내가 6살 때 엄마가 바쁘셔서 이모 댁에 나를 맡기고 가셨다. 나는 이모랑 놀이 공원에 갔는데, 아무리 재미있는 것을 타도 재미가 없고 뭔가 불안했다. 그리고 엄마가 보고 싶어서 눈물이 났다.
3. 외국에 갔을 때 할머니께서 모자를 잃어버리셨다. 할머니께서 아끼는 모자인데 잃어버리셔서 안타까운 마음이 들었다. 속상해 하시는 할머니를 보고 주위를 다 뒤져서 모자를 찾아드렸다./ 우리 반에 다리가 불편해서 휠체어를 타는 친구가 있는데, 화장실에 갈 때는 내가 휠체어를 밀어 주었다.

글숲 여행 되돌아보기
본문 124쪽

1. 하이디는 고아로 이모와 같이 살았는데, 이모가 프랑크푸르트로 일자리를 찾아 떠나게 되어 더 이상 기를 수 없게 되자 하이디를 할아버지에게 맡겼다.
2. 데테 이모가 프랑크푸르트에 가서 페터 할머니께 희고 부드러운 빵을 선물로 사다드리자고 말해서
3. 몽유병이다. 왜냐하면 할아버지가 계신 알프스를 너무 그리워했기 때문이다.
4. 클라라의 휠체어를 산 아래로 밀어 버린 것을 할아버지에게 말할까봐

글숲 사람 되어보기
본문 125쪽

1. 속상했죠. 학교도 멀고 해서 기를 수 없다고 했을 땐 못 데려간다고 억지로 맡기더니만……. 지금은 정들어 보내고 싶지 않은 녀석을 공부도 안 가르치고 교회도 안 보낸다고 하면서 데려가겠다고 하니 어찌하겠어요. 이모와 내가 싸우면 불쌍한 우리 하이디만 마음에 상처를 입을 거 아니겠어요. 이모니까 잘 키우길 바라면서 손녀와 헤어지는 슬픔을 참아야죠.
2. 하이디야, 페터야, 내가 걸을 수가 있어. 자, 봐봐! 나, 지금 날아갈 것만 같아. 너무 좋아 눈물이 나려고 해. 얘들아 도와 줘서 정말 고마워.

글숲 밖 사람 되어보기
본문 126쪽

1. 하이디는 다정하고 남을 배려하는 성격인 것 같다. 나도 페터와 나누어 먹겠지만 반보다는 1/3정도만 줄 것 같다.
2. 하이디야, 나였어도 너처럼 고향으로 돌아가고 싶겠다. 하지만 클라라는 몸이 아프니까 네가 좀 도와주면 어떨까? 고민이 있으면 혼자 아파하지 말고, 마음씨 좋은 클라라 아빠, 할머니, 또 클라라에게 말해 보렴. 그 댁 어른들께서 네 고민을 들어 주실 지도 모르잖아. 클라라와의 추억을 많이 만들다 보면 너의 몸도, 마음도 좋아질 거야. 너도 곧, 고향으로 돌아갈 수 있을 테니까 조금만 참고 힘내!

글숲 여행을 마치며
본문 127쪽

내가 2학년 때 엄마가 외출을 하시면서 영어학원 가기 전에 30분만 컴퓨터 게임을 하고 학원에 가라고 하셨다. 그런데 하다 보니 너무 재미있어 학원을 가기가 싫어졌다. 그래서 게임을 계속하고 있었는데, 자다 깬 동생이 물을 마시려고 냉장고 문을 열다가 잘못하여 반찬그릇을 떨어뜨렸다. 동생은 깨진 유리에 손을 베었다. 나는 집에 있는 응급상자를 꺼내 동생을 치료해 주고 울지 않도록 돌보아주었다. 엄마가 오셔서 깜짝 놀라시며, 네가 학원 안 가고 있어서 너무 다행이라고 하셨다. 난 학원에 안 가고, 엄마와의 약속을 지키지 않은 나쁜 일을 해서 야단을 맞을 줄 알고 걱정했다. 그런데 동생을 위험에서 구하는 좋은 일을 하여 도리어 칭찬을 받았다.

바위나리와 아기별

글숲 엿보기 ───── 본문 128쪽

1. 친구들이 나랑 공기를 같이 안 할 때/현장학습을 가기 위해 버스를 탔는데 옆자리에 짝꿍이 없이 혼자일 때 등
2. (1) 미술시간 (2) 성윤이 (3) 준비물을 못 가져와 선생님께 야단을 맞으려는 순간 성윤이가 빌려 주었을 때
3. 각자의 선택에 따라 색칠하기

글숲 여행 되돌아보기 ───── 본문 135쪽

1. 고요하고 쓸쓸한 바닷가 2. 친구를 부르려고
3. 바위나리를 찾아가 이야기도 하고, 노래도 부르고, 놀이도 하면서 즐겁게 놀아 주었다.
4. (1) – (나) (2) – (다) (3) – (가)
5. 바위나리를 그리워하면서 밤마다 울어, 빛이 없어져 쓸모가 없어졌기 때문에
6. (1) 해마다 아름다운 바위나리가 바닷가에 핌 (2) 바다 속에 떨어져 바다 밑에서 빛나고 있음

글숲 사람 되어보기 ───── 본문 136쪽

1. 아기별님, 고마워요. 제가 살고 있는 이 바닷가는 너무 고요하고 쓸쓸해요. 아무리 불러도 대답하는 친구가 없었는데 저하고 친구가 되어 주셔서 정말 고마워요.
2. 하느님, 제가 지금은 임금님의 명령 때문에 바위나리를 돌볼 수가 없어요. 그런데 바위나리가 너무 아파요. 저 말고는 친구가 없어서 간호해 줄 수도 없는데……. 빨리 나을 수 있도록 도와주세요. 병도 고쳐 주시고요. 친구도 되어 주세요. 외롭지 않게요. 그리고 임금님의 마음이 풀려서 제가 바위나리에게 갈 수 있도록 도와주세요.

글숲 밤 사람 되어보기 ───── 본문 137쪽

1. (1) 임금님의 명령을 어기고 바위나리에게로 내려왔을 것 같다.
   (2) 바위나리는 계속 울다가 외로워서 죽었을 것 같다.
   (3) 아기별을 용서해 주고 바위나리와 만나도록 하였을 것이다. 그래서 바위나리와 아기별이 좀 더 행복했을 것 같다.
2. 각자 생각 해보기.

글숲 여행을 마치며 ───── 본문 138쪽

1. (1) 바위나리와 아기별의 우정
   외롭고 쓸쓸한 바닷가에 외로운 바위나리/ 아름다운 모습과 고운 목소리로 친구를 부르네
   어디서 들려오나 구슬픈 저 소리/ 동쪽하늘 아기별/ 내가 가서 친구 되어 줄게
   둘은 이야기하고 /노래 부르고/ 놀이도 하면서 우정을 쌓았네
   바닷가로 흩어진 바위나리 꽃씨 / 바닷속에서 빛나는 아기별
   오늘도 예쁜 꽃과 빛으로 만나 우정 꽃 피우네
2. (1) 코스모스처럼 약하고 평강공주처럼 울보예요. (2) 엄마처럼 포근하고 정이 많아요.

12 병태와 콩 이야기

본문 140쪽

1. (1) 2학년 때 (2) 은호와 (3) 방과 후 바둑반을 가지 않고 같이 놀이터에서 놀았다. (4) 부모님이나 선생님께 야단을 맞을까 걱정했지만 은호가 있어서 든든하고 좋았다.
2. (1) 병태가 콩을 기르면서 일어난 일에 대한 이야기이다./ 병태가 콩을 먹기 싫어하는 이야기이다.

본문 148쪽

1. 종민이가 '병태가 유리를 좋아한다'고 소문을 퍼뜨려서   2. 병신이라고 놀려서
3. 물을 준 화분과 안 준 화분의 변화 관찰   4. 할머니의 말씀이 생각나서/ 콩을 살리려고 물을 주었다.
5. 병태가 '물 안 준 화분'에 물을 준 것   6. 병태의 일기장에 고맙다며 '큰 사랑을 선물 받았다.'라고 쓰심

본문 149쪽

1. 병태야, 고맙다. 왜냐하면 실험을 한다고 화분에 나를 심어 놓고, 물을 주지 않아 난 목이 말라 거의 기절할 뻔 했다. 너 아니었으면 지금쯤 말라 죽었겠지. 너 덕분에 살았어. 고마워.
2. "병태야, 너 바보 아니니? 어떻게 실험을 망칠 수가 있어. 우리 반 모두가 얼마나 실험 결과에 신경을 쓰고 있는데……. 유리 너도 마찬가지야. 보고만 있니?"

본문 150쪽

1. (1) 콩을 죽이지 않고 살렸기 때문이다. / 거의 죽어가는 식물에게 새로운 생명을 주었기 때문이다.
   (2) 생명도 중요하지만 우리 반 과학 실험을 망쳤기 때문이다.
2. 의리가 있는 행동이다. 왜냐하면 친구의 식물을 사랑하는 마음을 지켜주었기 때문이다.
3. 실험인데 왜 그랬니? 라고 얘기하지만 화를 내진 않았을 것이다. 왜냐하면 생명을 소중하게 생각하는 병태의 마음도 중요하기 때문이다.

본문 151쪽

병태에게
　　병태야 안녕? 난 윤지야. 오늘 네 이야기를 듣고 감동했어. 실험에 이용당한 식물을 살려주다니 정말 감동적이야. 넌 나중에 커서 듬직한 사람이 될 것 같아. 그리고 네가 유리를 좋아한다고 했지? 그건 부끄러운 일이 아니야. 나도 좋아하는 사람이 있어. 앞으로 사이좋게 지내자. 안녕!

　　　　　　　　　　　　　　　　　　　　　　　　　　　ㅇ년ㅇ월ㅇ일 윤지 씀

13 우리는 한편이야

 본문 152쪽

1. 떨리고 무섭다./ 조마조마하고 긴장된다.
2. 햄스터를 키우자고 했을 때/ 여름 휴가 장소 정할 때 등
3. (1) – (라), (2) – (마), (3) – (다), (4) – (가), (5) – (나)

 본문 164쪽

1. 아빠는 반지 그림, 나와 누나는 장미꽃 그림
2. 아빠 선물에는 화가 났고, 마음이 담긴 나와 누나 선물은 기뻐서
3. (1) – (5) – (7) – (8) – (2) – (6) – (4) – (3)
4. 저금통을 깨서 요리책을 한 권 사고 세탁소 아줌마에게 강아지 한 마리를 얻어 비밀장소에 갖다 놓음
5. 아빠 엄마를 잊어버리지 말라고

 본문 165쪽

1. 다 같이 살고 싶어요. 가족이 헤어져 살면 쓸쓸하잖아요. 그리고 우리의 의견도 물어보셔야지요. 어떻게 엄마 아빠 마음대로 결정해요. 헤어지시는 건 절대 안 돼요. / 그런 식으로 갑자기 결정하시면 어떡해요. 우리는 생각할 시간도 없이 결정할 수 없어요. 그러니 엄마 아빠도 우리가 결정할 시간을 주셔야죠.
2. 그래, 좋아. 같이 살자. 왜냐하면 엄마랑 살면 거의 혼자 있어서 심심하고 아빠도 마찬가지잖아. 나는 누나랑 살래.

 본문 166쪽

1. 내가 진호의 엄마라면 생일을 미리 알리고 가족끼리 오붓한 시간을 가질 수 있도록 계획을 짜서 축하도 받고 즐거운 시간을 보내겠다. 등
2. 말 못하는 개도 자식을 무척 사랑하고 아끼는 모습을 보고 부모님의 자식사랑을 다시 한 번 생각하게 되었다.
3. 나를 낳아주고 길러주신 부모님께 감사의 편지를 쓴다. 친구들과 모여 즐거운 시간을 보낸다. 가족들이 다함께 모여 생일을 축하하고 맛있는 식사를 한다.

 본문 167쪽

1. 가족인터뷰
   (1) 아빠 – 너 할 일을 미루지 말고 열심히 해라.
   (2) 엄마 – 동생과 사이좋게 지내라.
   (3) 동생 – 오빠 나 때리지 마.
   (4) 삼촌 – 책을 많이 읽어라. 등
2. 색연필이나 싸인펜, 색종이, 헌 잡지 등을 이용하여 꾸미기

14 올리버 트위스트

글숲 엿보기
본문 169쪽

1. 할머니나 할아버지가 데려다 기른다. /고모나 이모, 삼촌 등 친척들이 데려다 기른다. /고아원에서 데려다 기른다. 2. 소매치기 3. 늘 나랑 함께 노는 친구가 돈을 잃어버렸는데 나를 의심하는 것 같아 마음이 불편하였다./최근에 부모님이 이혼을 한 친구가 나에게 이야기를 해주었는데, 반 친구들이 다 알게 되자 친구가 나를 의심하는 것 같았다. 내가 말하지 않았다고 하니까 알았다고는 했는데 마음이 찜찜했다.

글숲 여행 되돌아보기
본문 174쪽

1. 어머니는 올리버를 낳자마자 죽고, 아버지는 누구인지 이름도 몰랐기 때문이다.
2. 배가 몹시 고팠기 때문이다. 3. 거리에서 도둑질하는 아이들의 소굴
4. 도둑으로 몰린 올리버의 말을 믿어주었고, 데려다가 배부르게 먹고 따뜻한 집에서 잠을 자게 해주었으며, 다시 도둑으로 몰렸을 때도 그럴 사람이 아니라고 인정해 주었다.

글숲 사람 되어보기
본문 175쪽

1. 오늘 낮에 원장님께 배가 고파 죽 한 그릇 더 먹으면 안 되냐고 했다가 무척 혼이 났다. 원장님이 밉다. 정말이지 속상하고 슬프다. 지금 이순간도 배가 고파서 잠을 잘 수가 없다. 나는 언제나 한 번 밥이라도 배부르게 먹어볼 수 있을지....... 부모님과 함께 산다면 얼마나 좋을까? 그러면 밥도 배부르게 먹고 좋은 옷도 입을 수 있을 텐데. 아빠 엄마가 보고 싶다.
2. 이보게, 난 불행히도 사랑하는 아들을 잃어버리고 마음의 병을 얻어 이제 살날이 얼마 안 남은 것 같네. 어린 것이 어디서 어떻게 살아가고 있는지 생각만 해도 가슴이 찢어질 듯 아프네. 내가 죽고 없더라도 우리 아들을 꼭 찾아서 내가 베풀지 못한 사랑을 대신 베풀어주게. 그리고 내가 아들과 얼마 같이 살진 못했지만 얼마나 사랑했는지도 잘 전해주게.

글숲 밖 사람 되어보기
본문 176쪽

1. 양식이 모자라니 이해해 달라고 부탁한다./고아원에 후원할 사람을 모집하여 배불리 먹인다.
음식이 남는 곳을 알아봐서 가져다 먹인다./국가에 보조를 요청하여 배불리 먹인다.
2. * 브라운 아저씨는 사람에 대해 믿어주는 좋으신 분이다. 올리버가 도둑으로 몰려 처벌을 받았다면 올리버는 정말로 나쁜 행동을 하는 나쁜 사람이 되었을지 모른다. 그런 올리버를 두 번씩이나 믿어주고 구해준 브라운 아저씨는 사람의 진정한 마음을 볼 줄 알고 인정이 많은 좋은 사람이라고 생각한다. * 사람을 믿어주는 인정 많은 사람이긴 한데 위험한 일을 당할 수도 있는 매우 걱정되는 사람이다. 지갑을 훔친 아이들 속의 한 사람이라면 정말로 나쁜 사람일 수 있는데 그의 말을 믿어주고 자기 집으로 데려가 함께 살다니 정이 많으면서도 매우 대담한 사람이라고 생각한다.

글숲 여행을 마치며
본문 177쪽

· 아저씨 안녕하세요? 저는 ○○입니다. 브라운 아저씨를 보며 레미제라블이 생각났어요. 그 책 속의 사제님은 은촛대를 훔친 장발장을 용서하며 은촛대까지 주었잖아요. 아저씨도 고아원을 뛰쳐나오고 소매치기들과 한패인 올리버의 말을 믿어주고 데려다가 보살펴주기까지 하셔서 올리버라는 한 사람을 구해주신 훌륭한 분이세요. 아저씨처럼 똑똑하지도 부자이지도 예쁘지도 않은 사람들에게 베푸는 사랑이 진정한 사랑이라는 걸 깨달았어요. '그럼에도 불구하고~'라는 말이 매우 위대한 것 같아요. 저도 아저씨처럼 그럼에도 불구하고~ 진정으로 이해하고 포용하는 사람이 되도록 노력할게요.

○년 ○월 ○일 ○○올림

선녀와 나무꾼

 본문 178쪽

1. (1) 아름답다. 마음이 착하다. 날개옷이 있다. (2) 효성이 지극하다. 가난하다. 착하다.
2. 마음이 찔린다. 불안하다. 친구에게 미안하고 돌려주고 싶다.
3. 나를 싫어하고 같이 놀아주지 않을 것이다. 복수를 할 것이다.

 본문 184쪽

1. 나무를 팔면서 힘들게 살아가느라   2. 선녀가 아이 셋을 낳을 때까지 날개옷을 보여주면 안 된다는 것
3. 가족을 그리워하는 선녀가 가여워서   4. 양팔에 아이들을 안고 하늘나라로 올라갔다.
5. 연못가에서 기다렸다가 하늘에서 두레박이 내려오면 타고 올라가라고   6. 수탉

 본문 185쪽

1. 왜냐하면 내 아내가 너무 슬퍼하였기 때문입니다. 그리고 아이들을 둘이나 낳았기 때문에 날개옷을 주어도 하늘나라로 올라가지 못할 것이라는 생각도 들었습니다.
2. 나를 속인 남편이 미웠고 하늘에 있는 가족들이 너무 보고 싶었기 때문입니다. / 부모님을 뵙고 싶고 고향이 그리워서입니다.

 본문 186쪽

1. (1) 아이 셋 낳을 때까지 기다려야 하나, 아니면 지금 주어야 할까를 망설일 것이다. 왜냐하면 선녀가 가족을 생각하며 눈물짓는 것이 너무 안타깝고 날개옷을 감춘 것이 미안하기 때문이다.
   (2) 나무꾼이 원망스러웠지만 하늘로 올라갈 수 있다는 마음에 기뻤을 것이다. 왜냐하면 그 동안 날개옷이 없었기 때문에 하늘에 올라가지 못하여 그리운 가족을 볼 수 없었으니까.

 본문 187쪽

1. (1) 의견: 나무꾼의 행동을 이해한다. / 남의 물건을 훔친 것도 나쁘고 선녀를 슬프게 한 것도 나쁘다.
   (2) 까닭: 나무꾼은 가난해서 시집오려고 하는 여자가 없으므로 그 방법밖에 없었다. / 도둑질은 나쁜 것이고 결혼은 서로 행복해지려고 하는 것인데 하늘의 공주를 억지로 결혼하게 하여 슬프게 만들었기 때문이다.
2. (1) 행복했을 것이다. / 힘들었을 것이다.
   (2) 까닭: 예쁜 색시도 있고 토끼같이 귀여운 아들딸도 있어서 무척 행복했을 것 같다. / 선녀는 음식도 잘 만들지 못하고 자녀들을 키우는 것도 힘들어하며 가난하고 힘든 일을 감당하기 어려워해서 선녀옷을 감춘 나무꾼은 항상 마음이 편하지 않았을 것 같다.
3. 나무꾼은 가족이 그리워 눈물짓는 아내의 모습이 불쌍하였다. 그래서 날개옷을 보여 줄까 하다가 사슴이 아이 셋을 낳을 때까지는 절대 주면 안 된다는 말이 생각나서 꾹 참았다. 다음해 선녀는 또 한 명의 아들을 낳았다. 그래서 아이가 셋이 된 날, 숨겨 두었던 날개옷을 주었다. 그러자 선녀는 너무 기뻐서 날개옷을 입고 아이들을 안아 보았지만 세 명을 모두 안을 수가 없었다. 그래서 선녀는 아이 셋, 나무꾼, 어머니와 함께 오래오래 행복하게 살았다.

마녀의 빵

본문 189쪽

1. 엄마의 병이 낫는 것
2. (1) 엄마의 병을 낫게 하고 싶은 생각을 갖고 했다고 해도 일단 법을 어겼기 때문에 나쁘다. / 남의 담에 허락도 없이 몰래 낙서를 한 것은 나쁘지만 엄마를 생각하는 간절한 마음이었기 때문에 벌을 주면 안 된다. 등
   (2) 마을 사람들에게 엄마의 병 이야기를 하고 허락을 받은 다음 낙서를 하겠다. / 온 동네 벽이 아니고 인터넷에 다 올려 우리 엄마 이름을 많이 불러달라고 하겠다. 등

본문 195쪽

1. 빵가게 주인, 나이가 좀 많았지만 아직 결혼은 하지 않았고 돈을 많이 저금함. 마음씨도 착하고 정도 많음.
2. 옷은 약간 낡았고 며칠 지난 묵은 빵을 사가며 손님의 손가락에 빨간색과 갈색의 물감이 묻어 있음
3. 가난하여 묵은 빵을 사 먹으며 그림을 그리는 화가가 안쓰러웠기 때문
4. 연필로 그리고 잉크로 덧칠을 한 뒤 연필 자국을 지울 때 사용하기 위해
5. 자기도 모르게 빵 속에 버터를 넣어 석 달 동안 공들인 설계도를 망치게 해서

본문 196쪽

1. 너무 화가 났어요. 3개월 동안 잠도 자지 않고 최선을 다했는데, 마사가 내 허락도 없이 넣은 버터 때문에 모든 것이 하루아침에 물거품이 되었어요. 내일까지 시청에 갖다 내야 하는데 너무 속이 상합니다. 나에게 그 마사는 지금 마녀같이 느껴져요. 등
2. 정말 죄송해요. 요즘엔 기분도 설레고 조금이라도 제가 해 줄 수 있는 일이 없을까하고 많이 생각했는데 이런 결과가 될 줄은 몰랐어요. 그래도 제 마음을 너무 몰라주고 화만 내시니 조금은 서운합니다. 등

본문 197쪽

1. (1) 정이 많고 남에 대한 배려가 깊은 성격 (2) 가난한 화가가 자기를 동정한다고 자존심 상할까봐 몰래 버터를 넣어 주었고, 또 어떻게 하면 도움을 줄 수 있을까 생각했기 때문에
2. (1) 옳지 않다고 생각한다. (2) 아무리 화가 나도 그 사람이 왜 그랬는지 이유를 먼저 물어보고 화를 내야 한다고 생각하기 때문 (3) 나라면 오늘 마무리하는 거니까 빵을 다시 한 번 확인한 후 사용하고, 또 설계도를 망쳐 화가 나더라도 마사에게 왜 그랬는지 이유를 물어볼 것 같다. 그리고 시청에 가서 이야기를 해 보겠다. 등

본문 198쪽

매일 배고픈 화가였기에 반값 밖에 안 되는 묵은 빵을 먹었다. 오늘도 마사 가게에서 가져온 빵을 먹으려고 하는데 입속에서 부드러운 버터의 맛이 느껴진다. 얼마나 먹고 싶었던 것인가? 너무 고맙다. 처음 만났을 때보다 더 예뻐지고 친절한 마사에게 감사의 뜻을 전해야겠다는 생각이 들었다. 다음날 아침, 남자 손님이 그린 그림 중 빵가게에 어울리는 그림 한 점을 멋지게 포장해서 마사 빵가게로 향했다. 오늘따라 마사의 얼굴이 더 아름다워 보인다. 고맙다는 인사와 함께 그림을 선물로 주었다. 그러자 마사는 갓 구운 빵을 포장해 주며 "화가 아저씨, 이 빵 드시고 더 멋진 그림 그리세요."라고 하였다. 며칠이 지난 뒤, 가게에 들렀더니 어떤 노신사가 마사가게에 걸려 있는 그림을 보고 남자 손님의 다른 작품을 사겠다며 남긴 전화번호를 알려 주었다. 너무나 반갑다. '마사는 나에게 천사다.'

17 오세암

글숲 엿보기 — 본문 199쪽

1. 우리를 위해 돈을 벌어 공부시키시고 잘 키워 주신다. 많은 사랑을 주신다.
2. 장래 꿈이 이루어지는 것, 공부 잘하는 것 등
3. (1) – (다), (2) – (나), (3) – (가)

글숲 여행 되돌아보기 — 본문 208쪽

1. 지나가던 스님들
2. 집에 큰 불이 나서
3. 옛날 집에 큰 불이 났을 때 엄마가 길손이를 구하다가 돌아가신 것
4. 마음으로 보는 공부
5. 서둘러 산을 오르다가 그만 발을 헛디뎌 언덕 아래로 굴러 떨어져서
6. 관세음보살
7. 어린 길손이를 엄마처럼 보살핀 관세음보살의 이야기를 후세에 전하기 위하여

글숲 사람 되어보기 — 본문 209쪽

1. • 우리 길손이는 잘 있을까? 관세음보살이 잘 보살펴 주셨겠지? 많이 춥고 배가 고플 텐데…….
   • 길손이는 어떻게 되었는지 걱정되고 어서 빨리 길손이에게 음식과 털신을 전해줘야 한다는 생각
2. 처음엔 무섭고 춥고 배가 고팠어요. 그리고 깜깜할 때 엄마 생각이 더 많이 났어요. 또 스님이 영원히 안 오실까 봐 눈물이 나고 속상했어요.

글숲 밖 사람 되어보기 — 본문 210쪽

1. 머리가 반짝반짝 빛이 나는 아저씨들이야. 그리고 비가 오려고 할 때 하늘에 든 구름같은 색깔옷을 입고 있어.
2. (1) 첫째, 깊은 산속에는 짐승들의 소리가 쩌렁쩌렁 울려서 자신을 해칠까봐 무서웠을 것이다.
   (2) 둘째, 추운 겨울이라 나무열매도 없고 물도 얼어서 배가 고팠을 것이다.
   (3) 셋째, 다섯 살 난 어린아이가 불을 지필 수도 없어서 추웠을 것이다.

글숲 여행을 마치며 — 본문 211쪽

1. 길손이에게

   길손아, 안녕? 누나와 둘이서 사느라 얼마나 힘들고 외로웠니? 엄마가 많이 보고 싶었지? 나는 엄마가 잠시만 안 계셔도 슬픈 생각이 드는데, 넌 정말 힘들었을 거야. 스님이 장터로 가시고 오시지 못하자 얼마나 춥고 무서웠니? 옛날이라 먹을 것도 없었고 전등불도 없었을 텐데……. 그래도 관세음보살이 너의 예쁜 마음을 알아서 엄마가 되어주어 다행이야. 길손아, 이제 하늘나라에서 엄마를 꼭 만나길 바래. 그리고 이번 방학에는 꼭 오세암에 가서 너를 보살펴 주신 관세음보살상을 볼게. 안녕.
2. 보기의 내용을 넣어 광고문을 만든다.

수록 저작물 목록

제제명	저작자	출 처
1. 재미네골	전래동화	〈재미네골〉, 재미마주, 2003.
2. 이상한 나라의 앨리스	루이스 캐럴	〈이상한 나라의 앨리스〉, 지경사, 2011.
3. 공주를 구한 삼 형제	세상모든책 편집부	〈초등학생을 위한 탈무드 111가지〉, 세상모든책, 2004.
4. 내가 재판장이라면	백승자 엮음	〈토끼와 자라〉, 삼성출판사, 2002.
5. 지나친 욕심	라퐁텐 글 / 크레용하우스 옮김	〈라퐁텐 우화집〉, 크레용하우스, 2001.
6. 소를 탄 노인	돋음자리	〈초등학생을 위한 인물사전〉, 시공주니어, 2000.
7. 로빈슨 크루소	글-다니엘 / 대표 김효정 옮김	〈로빈슨 크루소〉, 대교출판, 2011.
8. 오늘이	신순재	〈별이 된 일곱 쌍둥이〉, 대교출판, 2002.
9. 손톱 깨물기	고대영	〈손톱 깨물기〉, 길벗어린이, 2008.
10. 알프스 소녀 하이디	요한나 슈피리	〈알프스 소녀 하이디〉, 효리원, 2014.
11. 바위나리와 아기별	마해송	〈사슴과 사냥개-창비 아동 문고3〉, 창작과 비평사, 1985.
12. 병태와 콩 이야기	송언	〈오늘 재수 똥 튀겼네-사계절 중학년 문고 3〉, 사계절출판사, 2002.
13. 우리는 한편이야	정영애	〈우리는 한편이야〉, 푸른책들, 2008.
14. 올리버 트위스트	글-찰스 디킨스 / 이승수 옮김	〈올리버 트위스트〉, 대교출판, 2003.
15. 선녀와 나무꾼	조은수	〈선녀와 나무꾼〉, 웅진 씽크빅, 2003.
16. 마녀의 빵	오 헨리 / 아이사랑엮음	〈마녀의 빵〉, 아테나, 2009.
17. 오세암	마고21	〈오세암〉, 마고21, 2003.

집필진	**최명선**(전 의왕초등학교)* **유혜영**(세마초등학교) **전만기**(전 하탑초등학교) **송화순**(전 안양초등학교) **이상복**(성남동초등학교)

* 표시는 집필 책임자임

심의진	**경기도교육청 인정도서심의회 위원** **황인표**(춘천교육대학교)* **이병희**(샘모루초등학교) **류영우**(모당초등학교) **이병달**(금릉초등학교) **박신정**(안양중앙초등학교) **김훈경**(파주교육지원청) **김재란**(자유초등학교) **이상숙**(곡란초등학교) **박양희**(연현중학교)

* 표시는 인정도서심의회 심사위원장임

감수진	**강경호**(서울교육대학교) **최윤도**(전 교육인적자원부) **김창원**(경인교육대학교) **김선태**(전 원종초등학교/한국아동문학회))
편집 디자인	
삽화	진지현, 조진옥

교육부의 위임을 받아 경기도교육청에서 2021년 인정·승인을 하였음

초등학교 **손에 잡히는 독서토론논술 3학년**

초판 발행	2021. 3. 1	정가 **8,180원**
5쇄 발행	2025. 1. 2	
지은이	최명선 외 4인	
발행인	**글샘교육(주)** 경기도 광명시 일직로 43, A동 2104호(일직동, GIDC)	
인쇄인	**(주)타라티피에스** 경기도 파주시 상지석길 245 (상지석동, (주)타라)	

이 교과서의 본문 용지는 우수 재활용 제품 인증을 받은 재활용 종이를 사용했습니다.

교과서에 대한 문의사항이나 의견이 있는 분은 교육부와 한국교과서연구재단이 운영하는 교과서민원바로처리센터
(전화: 1566-8572, 웹사이트: http://www.textbook114.com 또는 http://www.교과서114.com)에 문의하여 주시기 바랍니다.

이 도서에 게재된 저작물에 대한 보상금은 문화체육관광부장관이 정하는 기준에 따라
사단법인 한국복제전송저작권협회(02-2608-2800, www.korra.kr)에서 저작재산권자에게 지급합니다.

내용관련문의 : 글샘교육(주) (경기도 광명시 일직로 43, A동 2104호(일직동, GIDC))
개별구입문의 : 홈페이지 주소 www.gsedu.co.kr (02)549-1155 글샘교육(주)